La Provence
WIE WIR SIE LIEBEN
Rezepte voller Duft und Aromen des Südens

Louisa Jones
Jacques Chibois

La Provence

WIE WIR SIE LIEBEN

Rezepte voller Duft und Aromen des Südens

Fotos
Guy Hervais

CHRISTIAN

Inhalt

VORWORT

Das Land und seine Menschen

Jacques Chibois habe ich 1991 kennen gelernt, als er noch die fünf Restaurants des Hotels »Gray d'Albion« in Cannes leitete. Er war bereits mehrfach preisgekrönt und träumte davon, in einem Restaurant auf dem Lande sein eigener Herr zu sein. Kurze Zeit später zeigte er mir die Bastide Saint-Antoine in Grasse, die ihm zwar noch nicht gehörte, aber deren Kauf schon beschlossene Sache war. Das provenzalische Wohnhaus aus dem 18. Jahrhundert, umgeben von Olivenbäumen und einem rustikal angelegten Garten, konnte wahrhaftig als Fundstück gelten. Im reizvollen Hinterland von Grasse gibt es zwar noch ein paar solche Landgüter, die im Originalzustand erhalten sind, aber sie sind selten. Dieses ist nun zur Wirkungsstätte eines großen Meisterkochs geworden.

Ich werde häufig gefragt, warum man die großen Restaurants aufsuchen sollte, wenn man es sich doch auch zu Hause oder im kleinen Restaurant nebenan gut gehen lassen kann? Sterneköche sind mit großen Modeschöpfern zu vergleichen: Sie wandeln bekannte Rohstoffe zu immer neuen Kreationen um. Es beginnt mit der Suche nach den raffiniertesten – und gelegentlich kostspieligen – Zutaten. Dann folgt die künstlerische Arbeit, bei der die schöpferische Kraft der Fantasie gefordert ist. Wer bei einem Meisterkoch speist, begibt sich immer auf eine unvergessliche Entdeckungsreise.

Ich zähle nicht zu jenen Autoren, die regelmäßig in den großen Restaurants zu Gast sind. Vielmehr leben mein Mann und ich bereits seit 35 Jahren auf dem Land, zu unseren Nachbarn zählen Landwirte und Winzer. Meine Arbeit führt mich vor allem zu Gärten jeglicher Art, auch zu Gemüsegärten. An Jacques Chibois bewundere ich seine Achtung für die landestypischen Erzeugnisse wie auch seine sehr umfangreichen Kenntnisse über die Produkte, die er verwendet. Die einfache Familienküche ist ihm bestens vertraut. Bereits als Kind ging er seiner Mutter in deren Bistro in Limoges zur Hand. Jacques erzählt beispielweise: »Als ich ein Kind war, bauten wir auf einem kleinen Feld Kartoffeln an; doch als wir sie geerntet hatten, verkauften wir sie und kauften dann die der

Nachbarn, weil sie einfach besser waren. Obwohl die beiden Stücke Land nur fünf bis sechs Meter voneinander entfernt waren, brachten sie Ernten mit enormen Geschmacksunterschieden hervor.«

Die Provence, wie wir sie lieben, das ist für Jacques Chibois und mich vor allem eine wunderbar vielfältige Region, in dem man den Unterschied zwischen zwei Kartoffeln noch zu schätzen weiß. Ebenso ist sie aber auch ein Landstrich, dessen Wandel wir miterleben, der sich gerade neu erfindet und sich in einem zunehmend »globalen« Kontext verändert. Seit Menschengedenken ist diese Region ein Knotenpunkt, ein Ort des Austauschs – bedruckte Baumwollstoffe, Tomaten, Auberginen, Klippfisch: Welch eine Vielzahl an Importwaren prägten die Provence, wie wir sie lieben!

Heute bewirkt die Globalisierung bisweilen eine gewisse Vereinheitlichung. So wird beispielweise verlangt, dass Landwirte vertragsgebunden mit großen Firmen zusammenarbeiten und etwa Spinat im Winter und Bohnen im Sommer anbauen. Die Aussaat erfolgt auf allen Parzellen am selben Tag, ohne Rücksicht auf ihre Ausrichtung, und die Gemüse werden auch, ungeachtet des jeweiligen Reifegrades, alle am selben Tag geerntet. Der Landwirt stellt hier lediglich noch seine Böden zur Verfügung, seine genauen Kenntnisse des Mikroklimas und der unterschiedlichen Bodenverhältnisse zählen nicht mehr. Die Erzeugnisse, die in diesem Fall dem Verbraucher angeboten werden, sind zwangsläufig von minderer Qualität.

Das vorliegende Buch bietet Beispiele von Menschen – Landwirte, Gärtner, Erzeuger unterschiedlicher Produkte –, die sich mit Erfolg der »globalisierten« Vereinheitlichung widersetzen. Einige kämpfen dabei noch ums Überleben – man denke an das Landgut Les Olivades (siehe Seite 140). Ihnen das Überleben zu sichern, ist kein Akt der Nostalgie, sondern einer der Fantasie und des Erfindungsreichtums. Man muss verhindern, dass solche engagierten Menschen das Land verlassen, aber umgekehrt darf sich auch niemand der Zukunft verschließen.

Die provenzalische Küche bildet einen Quell der Inspiration für Kenner aus allen Klimaregionen, insbesondere weil die dort ansässigen Kulturen bereits seit der Zeit der Römer Schönheit und Produktivität verbanden. Die Menschen dort vernachlässigen nicht die Bedeutung der Gesundheit und des täglichen Wohlbefindens, ebenso wenig die lange Tradition der künstlerischen und kulinarischen Kreativität. Und dabei handelt es sich auch hier nie um bloße Nostalgie, sondern um den Erhalt einer wertvollen Vielfalt, die das alltägliche Leben bereichert.

Louisa Jones

Das provenzalische Haus

»Es ist ein altes Haus mit ockerfarbenen Mauern, sonnenbeschienen wie die Erde der Provence … Die große Terrasse, geschickt vor dem Mistral geschützt, ist mit einem kleinen Wasserbecken und einem Springbrunnen geschmückt.«

Jacqueline de Romilly

Was ist eine Bastide?

Oben und rechts: Prachtvolle alte Bäume, ein elegantes Wasserbecken und eine ausgewogene Fassade, hier im Pavillon de Galon in Cucuron.

Seit Jacques Chibois seine Bastide Saint-Antoine bei Grasse eröffnete, ist das Zauberwort *bastide* in aller Munde. Doch was genau ist eigentlich eine *bastide*? Der Historiker Noël Coulet findet den Begriff in der Provence seit dem 13. Jahrhundert belegt, wobei er eine Zeit lang mit *castra* und *turris* verwechselt wurde, die eigentlich Befestigungsbauten bezeichneten. Ebenfalls im 13. Jahrhundert, doch ausschließlich im Südwesten Frankreichs, verwies der Begriff *bastide* auf die »neuen Städte«, die der französische König hatte errichten lassen. Einige existieren bis heute unter diesem Namen. In der Provence nahm die Bedeutung des Begriffs jedoch eine andere Wendung: Die *bastide* wurde, nach Aussage der Regionalspezialistin Nerte Dautier, zu einer »ländlichen Wohnform, die einen Adels- oder bürgerlichen Wohnsitz mit einem bewirtschafteten Gut und Gärten verband«. Sie fügt hinzu, dass »die *bastides* vor allem im 17. und 18. Jahrhundert entstanden. Das Phänomen kombinierte verschiedene Bedürfnisse: Die *bastide* bot eine sichere, häufig etwas erhöhte Wohnlage, war Zweitwohnsitz und ein Ort für Muße und Erholung. Und schließlich zeigte sie durch ihre luxuriöse Ausstattung und den Charme ihrer Gärten, dass ihre Besitzer zu der vom Schicksal privilegierten Schicht gehörten«. Nerte Dautier hat Hunderte von *bastides* in der Umgebung von Aix-en-Provence ausgemacht, das bis zur Revolution Sitz des provenzalischen Parlaments und des Rechnungshofes war. Im 19. Jahrhundert entstanden *bastides* dann vermehrt im Hinterland von Marseille.

Der Immobilienmakler und Bauexperte Émile Garcin beschreibt die *bastide* als »herrschaftliches Landhaus im Grünen«. So war, in der Provence wie auch in Italien, jede Stadt von ihren Landsitzen umgeben, wo die Elite sich in die Sommerfrische zurückzog und gleichzeitig die jahreszeitlich anfallenden Arbeiten überwachte. Denn jene Landgüter – wie auch die Villen der Toskana – verdankten ihre Eleganz den Einkünften ihrer landwirtschaftlichen Betriebe. Je größer der Wohlstand, desto ausgeprägter richtete sich die Architektur nach dem

italienischen oder Versailler Geschmack. Die Anhöhe der Stadt Grasse, die durch ihre Parfümhersteller zu Reichtum gelangte, ist von einer Kette solcher *bastides* aus dem 18. Jahrhundert umgeben. Die *bastide* von Saint-Antoine mit ihren terrassierten Gärten und Hunderten von alten Olivenbäumen wurde von Jacques Chibois hergerichtet.

Doch nehmen sich die Landsitze in der Provence im Vergleich zu den Schlössern im Loiretal oder auf der Île de France eher bescheiden aus. Einmal, was ihre Größe betrifft, denn das römische Recht, das lange Zeit in Südfrankreich galt, teilte das Land zu gleichen Teilen unter den Erben auf. Dann auch, was den Prunk betrifft, denn das Gut in der Provence war eher ein Ort der Entspannung und der Freude als des Stolzes und der Repräsentation. Im 17. Jahrhundert äußerte der Intendent Colberts gegenüber dem König bittere Klagen über eben diese Tatsache: »Sie sind dermaßen verdorben in ihren *bastides*, gemeine Schuppen von Häusern, die sie auf ihren Ländereien haben, dass sie eher auf die besten Geschäfte der Welt verzichten, als eine Festlichkeit auf ihrer *bastide* zu versäumen!« Balzac, ein großer Bewunderer der Schlösser der Touraine, schrieb ähnlich verächtlich: »Eine *bastide*: Vier Mauern aus Steinen, mit gelblichem Zement verkleidet, mit roten Hohlziegeln gedeckt. Die Dächer biegen sich unter dem Gewicht dieser Ziegel.« Heutzutage hat man diese abwertende Meinung revidiert und reißt sich um die alten *bastides* der Provence.

Und der provenzalische *mas*? Er war der landwirtschaftliche Teil eines Gutes oder auch ein unabhängiger Hof. Dennoch trennte der provenzalische Adel – wie dessen römische Vorfahren – niemals völlig Schönheit und Produktivität. Felder und Obsthaine erstreckten sich um die *bastide* herum und wurden wie groß angelegte Beete bewundert. Aus diesem Grund fällt die Unterscheidung zwischen *mas* und *bastide* mitunter schwer, insbesondere da der provenzalische Bauer gelegentlich selbst der wohlhabende Eigentümer war. Der Dichter und Archivar der provenzalischen Traditionen, Frédéric

Mistral, beschreibt seinen Vater als Angehörigen »einer Art von Aristokratie, die eine Brücke zwischen Bauern und Bürgern schlägt«. Er fügt hinzu: »Die alte *bastide*, in der ich geboren wurde, ... trug den Namen ›Mas du Juge‹.« Dennoch lassen sich durchaus einige Unterscheidungsmerkmale ausmachen. Zunächst die Lage: Ein *mas* ist in Wassernähe in einer Senke errichtet, eine *bastide* liegt hingegen auf einer kleinen Anhöhe und bietet einen Ausblick über die Umgebung. Sie ist immer verputzt – rosa-, gold- oder ockerfarben –, während ein *mas* häufig den Naturstein sichtbar lässt, was früher als Zeichen der Armut galt. Die *bastide* besitzt zumeist einen quadratischen Grundriss und häufig ein zweites Stockwerk. Ihre Fassade ist symmetrisch gehalten, die Fenster gruppieren sich um eine zentrale Eingangstür, über der sich oft ein Balkon mit schmiedeeisernem Geländer befindet. In harmonischem Einklang mit der Architektur erstreckt sich vor der Fassade ein freier Platz, der mit Terrakottagefäßen geschmückt und von großen Platanen beschattet wird. Die einzige Verzierung eines *mas* hingegen bildet ein großes Rankgerüst, das mit Wein und Glyzinien begrünt ist. Keine Skulpturen oder Blumenbeete, lediglich Formhecken aus Buchs, die als Windschutz dienen. Darüber hinaus lassen sich vielerlei Mischformen dieser Modelle finden. Und die neuen Bewohner der Region wandeln einen *mas* häufig zu einer *bastide* um, indem sie Brunnen und Statuen ergänzen oder die Fassaden verputzen. »Nur ein geschultes Auge kann hier Stilfehler vermeiden«, betont Bruno Lafourcade, einer der angesehensten Bauunternehmer in diesem Bereich. Vor allem sollte man bei der Renovierung mit den traditionellen Arbeitsmethoden vertraut sein, um so die grundlegende Harmonie des Ortes zu erhalten. Der Historiker Victor Papernak erklärt: »Die traditionellen Bauten in landestypischen Materialien harmonieren mit dem Klima, der Flora und Fauna und dem Lebensstil des Ortes. Sie vermitteln niemals den Eindruck, fehl am Platze zu sein, und verbinden sich mit der Umgebung.« Ob *bastide* oder *mas*, die alten Häuser der Provence folgen dieser goldenen Regel.

Oben:
Blick vom Balkon in das Badezimmer der Villa Saint-Louis in Lourmarin.

Rechts:
Der mas *Les Confines, der von der Familie Lafourcade restauriert wurde.*

Junges Rebhuhn
mit Esskastanien und Wacholder

Zutaten für 4 Personen:

Für die Rebhühner:
4 junge Rebhühner (mit Leber)
40 g fetter Speck, grob gewürfelt
25 g Butter
Salz und Pfeffer

Für die Sauce:
1 Möhre
1 Scheibe (50 g) Knollensellerie
2 Schalotten
4 getrocknete Steinpilzscheiben
2 Stängel getrockneter Fenchel
3 Wacholderbeeren
½ Lorbeerblatt
1 Prise Thymianblüten
50 ml Marc de Provence oder ein anderer Tresterschnaps
50 ml trockener Weißwein
10 g Butter
50 ml Olivenöl

Für das Gemüse:
2 Fenchel
8 Blumenkohlröschen
100 g Esskastanien
25 g Butter
Salz und Pfeffer

Zum Servieren:
Einige Tropfen Olivenöl
20 Wacholderbeeren

Die Rebhühner

Den Ofen auf 200 °C vorheizen.
Die Rebhühner innen und außen salzen und pfeffern und zusammenbinden. Den Speck in einem gusseisernen Topf bei großer Hitze auslassen, dann die Hühnchen mit der Brust nach unten in dem heißen Fett anbraten. Wenn sie Farbe angenommen haben, wenden und den Topf ohne Deckel 10 Minuten in den Ofen schieben. Damit sie rosa bleiben, umwickelt man sie anschließend mit Alufolie und lässt sie im ausgeschalteten, aber noch warmen Backofen auf dem Rost ruhen.
Das Fleisch der lauwarmen Rebhühnchen von den Bein- und Brustknochen lösen, salzen und pfeffern und mit Alufolie bedeckt beiseite stellen.
Vor dem Servieren das Fleisch mit Butter im Ofen erwärmen.

Die Sauce

Die Rebhühnerknochen zerkleinern und in einem Topf zusammen mit der Leber und den Schalotten, der Möhre und dem Sellerie, alles geschält und grob gewürfelt, anbraten. Wacholderbeeren, Thymianblüten, Lorbeer, Fenchel und Steinpilzscheiben hinzugeben.
Mit Marc de Provence flambieren, dann mit Weißwein und 100 ml Wasser ablöschen. 35 Minuten köcheln lassen.
Die Sauce durch ein Sieb streichen, in einen kleinen Topf gießen und bei geringer Hitze reduzieren. Mit dem Schneebesen aufschlagen und dabei Butter und Olivenöl unterziehen.

Das Gemüse

Fenchel waschen und in etwa 1 cm dicke Scheiben quer zur Faserrichtung schneiden. Herz und harte Stellen entfernen. Die Fenchelscheiben 7 Minuten in kochendem Salzwasser garen (20 g Salz für 1 l Wasser), anschließend mit kaltem Wasser abschrecken und sofort abgießen.

Die Blumenkohlröschen in 3 mm feine Scheiben schneiden, salzen und pfeffern und 5 Minuten in Butter in einer beschichteten Pfanne unter regelmäßigem Wenden Farbe annehmen lassen.

Den Ofen auf 180 °C vorheizen. Die Esskastanien einritzen, eine gusseiserne Form damit auslegen und 20 Minuten in den Ofen geben. Anschließend schälen, die Haut abziehen und die Kastanien in feine Scheiben schneiden.

Servieren

Fenchel und Blumenkohl auf einem Teller anrichten, darauf das Rebhuhn platzieren. Mit der Sauce nappieren und die Kastanienscheiben darüber verteilen. Auf einer Seite einige Wacholderbeeren aufreihen und mit etwas Olivenöl beträufeln.

Tipp des Küchenchefs

Wählen Sie bevorzugt graue Rebhühner aus. Um sie so frisch wie nur möglich zu bekommen, sollten Sie Kontakt zu einem Jäger halten.

Jacques Chibois empfiehlt

Vom Lesen eines Rezeptes

Beim Kochen sind alle unsere Sinne angesprochen – der Geschmack und das Auge natürlich, aber ebenso der Geruchssinn und selbst das Gehör. Zum Beispiel hört man, wenn etwas zu heftig gart. Dies lässt sich in einem Kochbuch oder beim Verfassen eines Rezeptes nur schwer vermitteln. Häufig bekommen wir Köche zu hören: »Sie enthalten uns die Hälfte des Rezeptes vor, Sie haben Ihre kleinen Geheimnisse.« Und ich antworte darauf: »Nein und Ja!« Nein, weil wir unsere Rezepte ganz offen und ehrlich teilen, ohne etwas zu verschweigen. Doch gleichzeitig: Ja, weil es Vorgaben aus dem Bereich der Intuition gibt, die man nicht schriftlich festhalten kann. Weshalb weiß man, wenn man beim Anbraten hinhört, dass die Herdplatte nicht heiß genug oder dass sie umgekehrt zu heiß ist? Jedes Material hat seine Eigenarten, ebenso jedes Erzeugnis. Dies lässt sich nur schwer erklären und fällt wohl unter »das besondere Gespür«.

Beim Kochen muss man in jedem Augenblick horchen, schauen, riechen und schmecken. Wer ein Rezept nachkochen will, muss es verinnerlicht haben. Man sollte es mehrmals eingehend gelesen und sich vorgestellt haben. Anschließend sollte man das Kochbuch dann eigentlich schließen, um das Rezept gut umsetzen zu können. Wenn man mit dem Kochen beginnt, liest man Rezepte noch Wort für Wort, doch am wichtigsten ist es, zu versuchen, das Rezept als Ganzes zu verstehen. Danach schafft sich jeder, ausgehend von der eigenen Vorstellungskraft, seine persönliche Umsetzung.

Kochen heißt lesen und horchen können. Es heißt auch, die Rezepte nicht mehr als nötig zu komplizieren und den Blick für die einfachen Dinge nicht zu verlieren.

Die Freuden des provenzalischen Brunchs

Jacques Chibois findet, dass der amerikanische Brunch – halb Frühstück, halb Mittagessen – ein hervorragendes Modell für die neue provenzalische Lebenskunst liefert. Ein Brunch bietet die Gelegenheit zu einem Beisammensein in entspannter Atmosphäre, häufig am Wochenende und häufig im größeren Familienkreis. »Man stelle ihn sich in einem Garten vor«, meint er, »mit Schatten, Sonne, Geräuschen, Vögeln, eben jene Umgebung, die bereits einen Teil des Wohlbefindens ausmacht. Diese Stimmung sollte sich auch auf dem Tisch wiederfinden. Früchte und Blumen, die am Vortag oder am Morgen selbst gepflückt wurden, kleine warme Leckereien aus dem Ofen oder vom Bäcker mitgebracht. Die Frische der Erzeugnisse erinnert an die Frische eines Sommermorgens in der Provence, an dem man, vor der großen Hitze des Tages, einen kleinen Hunger verspürt.«

Oben: Ein gemalter Olivenbaum auf dem Teller.

Der provenzalische Brunch, wie ihn Jacques Chibois konzipiert, greift gleichermaßen Anregungen des angelsächsischen Frühstücks wie auch der regionalen Tradition auf, ist dabei jedoch aromatischer, farbenfroher und insgesamt leichter und eleganter als seine Vorbilder. Früher war das traditionelle Frühstück in einem provenzalischen *mas* tatsächlich sehr reichhaltig, es war schwer an Fetten, Proteinen und Kohlenhydraten und sollte dazu beitragen, den harten Arbeitstag besser zu bewältigen. Nach der *Histoire des recettes provençales* (»Geschichte der provenzalischen Rezepte«) haben die Bewohner der Provence den Süßigkeiten stets die eher bitteren, sauren und salzigen Geschmacksnoten vorgezogen. Selbst in bürgerlichen Häusern bestand das traditionelle *goûter*, die Nachmittagsmahlzeit der Kinder, aus einer Scheibe Brot, die mit Knoblauch berieben und mit Olivenöl beträufelt war. Und die berühmten provenzalischen dreizehn Weihnachtsdesserts bestehen aus getrockneten Früchten und einem Obstkuchen aus Brotteig, angereichert mit Eiern und – Olivenöl. Die *pâtisserie*, die feinen Backwaren vom Konditor mit reichlich Zucker, Buttercreme und Sahne, war einer Elite vorbehalten, die gern die Modetrends anderer Regionen imitierte.

Für seinen Brunch schätzt Jacques Chibois besonders die *fougassettes de Grasse*, ein süßer Fladen und ein beliebtes traditionsreiches Dessert in Abwandlung der weihnachtlichen *pompe à l'huile*, einem mit Olivenöl hergestellten süßen Brot. Chibois bereitet auch Feigenkonfitüre mit Zitrone und Zimt zu, die er zu Gebäck auf Honigbasis reicht. Früchte werden außerdem zu nur leicht gelierten Fruchtsaucen und Obstsalaten verarbeitet, die mit Minze, Basilikum oder Zitronengras aromatisiert werden. Gelegentlich reicht er auch eine Omelette aus frischen Eiern mit ganz jungen Artischocken, Aufschnitt von Fleisch- und Wurstwaren und *fromage blanc* aus den Bergen, eine Art Quark, mit verschiedenen aromatischen Honigsorten und ›Gariguette‹-Erdbeeren.

Oben:
Die Frische der Zutaten passt wunderbar zu jener dieses Sommermorgens im Garten.

Beim amerikanischen Brunch wird traditionell Salziges und Süßes gleichzeitig serviert. Wenngleich die große französische Küche diese Verbindung seit dem 17. Jahrhundert verwirft – ähnlich wie die Literatur Tragödien und Komödien trennte –, blieb sie in der provenzalischen Küche erhalten. Bis heute wird die berühmte *tourte niçoise* geschätzt, die Mangold, Pinienkerne und Rosinen enthält – ein erstklassiges Gericht für einen Brunch! Zumeist lieferten die Früchte allein die Süße, denn Honig, der seit Menschengedenken aus eigener Herstellung stammte, wurde lange Zeit eher medizinisch als kulinarisch eingesetzt. Honig hilft beim Muskelaufbau, besitzt antibiotische Eigenschaften und heilt Verletzungen und Verbrennungen. Und Rohrzucker, der ebenfalls in erster Linie als Heilmittel betrachtet und seit dem 16. Jahrhundert unter dem Namen »Schilfhonig« bekannt wurde, war ein seltenes und teures Lebensmittel.

Der Arzt Nostradamus, 1503 in Saint-Rémy-de-Provence geboren, zählte zu den Ersten, die sich für die kulinarische Verwendung des Rohrzuckers interessierten. Der Überlieferung nach soll er nach einigen Hungerjahren,

in denen er zahlreiche Obst- und Gemüseernten einbüßte, weil ihm die Möglichkeiten zur Konservierung frischer Lebensmittel fehlten, Versuche mit Honig, Traubenmost und Rohrzucker vorgenommen haben. So geschah es, dass er 1555, zusammen mit seinen berühmten Prophezeiungen, auch eine Abhandlung über Konfitüre veröffentlichte.

Nostradamus würzte seine Konfitüren gern mit Gewürzen: Ingwer, Zimt, Nelken und Pfeffer. Damals wurden sie zu Wein gereicht, was die Möglichkeit bot, auch Rebsäfte eher zweifelhafter Qualität anzubieten. Der berühmte Gelehrte ersann ebenfalls Panachées aus kandierten Früchten, Marmeladen, Gelee und Gebäck, auf der Basis von Quitten, Birnen, Pflaumen, Orangen und Zitronen, denen er gelegentlich Möhren, Rüben oder Kürbisse beigab. Er empfahl die Konfitüre von Wassermelonen, von der es noch heute in der Provence eine Variante namens *citre* gibt, wie auch die Quittenkonfitüre als Schönheitsmaske. Zudem verwendete er Blüten in der Küche – Veilchen, Borretsch u.a. – und stellte aus den Rosen aus Provins oder Damas Konfitüren her. Schließlich fügte Nostradamus seinen Gerichten auch Gewürze und Essig hinzu, denn zu seiner Zeit wurde das Süßsaure allgemein geschätzt.

Oben und rechts: Ein Brunch vereint mühelos Süßes und Salziges.

Einem Alchimisten des 21. Jahrhunderts gleich experimentiert Jacques Chibois gern mit ursprünglichen Zusammenstellungen. Dabei interessieren ihn besonders die Aromen des Mittelmeerraumes. Und da die glühende Sonne der Provence den natürlichen Zucker sämtlicher Früchte und Gemüse konzentriert, gibt Chibois ihnen gern eine säuerliche Note, vor allem mithilfe der landestypischen Zitrone. Diese Wahl passt im Übrigen gut zum Brunch, wenngleich der amerikanische Orangensaft nicht fehlen darf. Auch die sonnengereifte Tomate zählt zu den Ehrengästen: Die Auswahl umfasst zurzeit vierhundert Tomatensorten, die aus allen Erdteilen stammen (siehe auch Seite 140). Der provenzalische Brunch bietet somit neue Herausforderungen für die Kombination verschiedener Geschmacksnoten und die Möglichkeit, Einflüsse aus der ganzen Welt mit den lokalen, wieder entdeckten Traditionen harmonisch zu verbinden.

Provence-Melone
mit Zitronengras

Zutaten für 4 Personen:

Für die Melonen:
5 reife Provence-Melonen
4 EL Zitronengras, gehackt
1 Glas Muscat de Beaumes de Venise
oder ein anderer Süßwein

Zum Servieren:
4 Stängel Zitronengras
Einige weiße Blüten
(etwa Jasmin- oder Mandelblüten)

Die Melonen
Die Melonen halbieren, schälen und Kerne entfernen. Vier Melonen in gleichmäßige Scheiben schneiden und jede zweite Scheibe in dem fein gehackten Zitronengras wenden (siehe Abbildung). In tiefen Tellern oder kleinen Schalen arrangieren, die zuvor im Kühlschrank gekühlt wurden. Die letzte Melone mit dem Muskatwein im Mixer pürieren.

Servieren
Die Melonenscheiben mit dem Coulis aus Melone und Muskatwein angießen. Jeden Teller mit einem Stängel Zitronengras und einigen Blüten dekorieren. Gut gekühlt servieren.

Tipp des Küchenchefs
Die Qualität der Melone ist hier wesentlich: Wählen Sie schöne, kleine Provence-Melonen, die wunderbar reif sind.

Rührei mit Minze

und roten Früchten an Lavendelsauce

Zutaten für 4 Personen:

Für die Lavendelsauce:
150 ml Crème fraîche
50 g Zucker
1/2 TL Lavendelblüten
1/2 TL Maizena (Maisstärke)

Für das Rührei:
8 Eier
50 g Zucker
10 g Butter
2 EL frische Minze, fein gehackt
1 EL Sahne

Zum Servieren:
125 g Erdbeeren
125 g Walderdbeeren
125 g Himbeeren
125 g Johannisbeeren
125 g Brombeeren
Puderzucker
Einige Lavendelblüten oder Minzeblättchen

Die Lavendelsauce

Crème fraîche mit dem Zucker in einem Topf zum Kochen bringen, Lavendelblüten hinzufügen und 1 Minute ziehen lassen, dann rasch durch ein Sieb streichen. Zurück in den Topf geben. Maizena mit 1 Esslöffel Wasser verrühren, hinzufügen und unter Rühren aufkochen. Vom Feuer nehmen, abkühlen lassen und im Kühlschrank bereithalten.

Das Rührei

Die Eier verschlagen und den Zucker hinzufügen. Die Butter in einem kleinen Topf zerlassen und die Eier hineingeben. Auf kleiner Flamme garen, dabei fortwährend mit dem Schneebesen umrühren. Gegen Ende der Garzeit Sahne und Minze hinzufügen.

Servieren

Das Rührei kreisförmig auf den Tellern anrichten, die Früchte darauf garnieren und mit Puderzucker bestreuen. Einen Strahl Lavendelsauce angießen und mit Lavendelblüten oder Minzeblättchen dekorieren.

Tipp des Küchenchefs

Die Eier nicht zu lange garen und auf vorgewärmten Tellern servieren.

Tisch- und Bettwäsche der Provence

Seit Jahrhunderten ist die Provence ein Ort des Austauschs. Im Mittelalter bot der Markt von Beaucaire, der größte in Südeuropa, bereits Leinen aus Flandern und Baumwolle aus Ägypten und dem Morgenland an. Laut Michel Biehn, Experte für Kleidung und Stoffe, wurden örtlich auch Hanf und Nessel verarbeitet. Die Bräuche bestanden fort bis ins 19. Jahrhundert, jenem goldenen Zeitalter des provenzalischen Landlebens, das heutzutage so häufig idealisiert wird. Dieses beschauliche Leben auf den wohlhabenden *mas* und *bastides* beschreibt der Dichter Frédéric Mistral. Er erinnert sich mit Wehmut, wie nach dem Tod seines Vaters die Güter seiner Eltern aus dem »Mas du Juge« verteilt wurden: »Die Möbel, die Betten mit den gedrechselten Pfosten, die Wanne aus Zinkblech, die Mehltrommel, die glatt polierten Schränke, der Brotkasten, die alle seit meiner Geburt ständig in diesem Gemäuer standen, die Dutzende von Tellern, das Steingut mit dem Blumenmuster, das die Anrichte niemals verlassen hat, die Laken aus Hanf, die meine Mutter eigenhändig gesponnen hatte …«

Das elegante Bürgertum jener Zeit zog makellose Leinen-Bettwäsche vor, die in Anlehnung an Pariser Moden bestickt war; die bäuerlichen Familien, wie jene des Dichters, behielten hingegen häufig jene etwas rauere Bettwäsche aus Hanf bei, die eine große Öffnung in der Mitte aufwies. Michel Biehn weist darauf hin, dass »die alten Materialien heute sehr geschätzt werden. Hanf ist ein Tuch, das unendlich lange braucht, bis es weiß wird. Leinen wird nach drei Waschgängen weiß, während Hanf für das gleiche Resultat etwa hundert Jahre benötigt.« Die *bugada*, die große Wäsche, fand jedoch nur zweimal jährlich statt, im Frühling und im Herbst. Dementsprechend musste jeder Haushalt über große Wäschevorräte verfügen. Die Wäsche wurde einen Tag und eine Nacht lang mit Kristallsoda eingeweicht, bevor sie ein erstes Mal gespült wurde. Am zweiten Abend wurde eine große Wanne auf einen

Dreifuß über ein Holzfeuer gestellt und die Wäsche wurde die ganze Nacht darin gereinigt und mehrfach gespült.

Im Übrigen wurde jede Frau nach dem Inhalt ihrer Schränke beurteilt. Zur Hochzeit erhielt die junge Braut eine Aussteuer, die sie in ihrer Rolle als Hausfrau bestätigte. Hochzeiten wie auch Geburten waren willkommene Anlässe, die schönste Wäsche vorzuführen. Das Bett der Hochzeitsnacht sollte mit einer Steppdecke in Weißstickerei verziert sein, das Meisterstück der Aussteuer der jungen Ehefrau. Zweifelsohne wurde sie bei der Herstellung von Mutter und Tanten unterstützt, sagt Michel Biehn, denn das Fingerspitzengefühl, das eine derartige Arbeit erforderte, war ganz erheblich. Doch konnte man sich auch an professionelle Handwerksbetriebe oder erfahrene Handarbeiterinnen wenden, die bei den Ordensschwestern mancher Klöster tätig waren.

Links und oben:
Für Édith Mézard ist es wesentlich, dass »das Auge in Harmonie mit der Hand arbeitet«.

Erstaunlicherweise war die Verwendung von Wolldecken in der Provence unüblich. Zwar wurde Wolle verarbeitet, insbesondere in L'Isle-sur-la-Sorgue, denn Schafe sind seit jeher Teil der provenzalischen Landschaft, doch Bettdecken wurden aus zwei Lagen Baumwolle gefertigt, zwischen die eine Schicht Watte eingelegt wurde. Die Techniken des Steppens und Wattierens wie auch die gängigsten Motive wurden von Händlern aus Marseille über die Seidenstraße aus fernen Ländern eingeführt. Gesteppte Stoffe erschienen in Marseille im 14. Jahrhundert. Beim echten *boutis* wird zunächst abgesteppt, dann gefüllt, dann wieder gesteppt – eine echte Geduldsarbeit! Heute, so unser Experte, ist der Begriff *boutis* eine allgemeine Bezeichnung geworden, die jegliche Form von gestepptem, wattiertem Material umfasst. Unter *piqués* wiederum versteht man einfache gesteppte Stoffe.

Édith Mézard betreibt im Lubéron eine Stickerei-Werkstatt, die die ehemals so geschätzte Qualität und die hohen Ansprüche des Handwerks in Ehren hält. Für sie besitzt die Wäsche eines Hauses eine sehr persönliche Qualität: »Schöne Wäsche ist nicht nur ein Luxus, sie ist

etwas, das mit dem Haus atmet. Jeder lässt sie nach seiner Art und seinen Bedürfnissen leben.« Sie bewundert »jene herrliche Kunst der Ordensschwestern in den Klöstern« und betont, es sei »das Zeitgefühl, das jenes alte Kunsthandwerk von maschinellen Produkten unterscheidet. Beim Sticken spürt man, dass die Zeit Freude ist, und das macht die besondere Schönheit dieser Arbeit aus. Die Person, die sie hat entstehen lassen, ließ Liebe mit einfließen, und aus diesem Grund empfinde ich diese alten Stoffe wie ein Geschenk.« Zusammen mit mehreren Stickerinnen versucht sie, diese Tradition fortleben zu lassen. »Wir sticken für Menschen, denen der Anblick und die Berührung unserer Bettwäsche Freude bereitet. Die angenehmsten Stoffe beim Sticken sind seit Jahr und Tag die gleichen: Leinen, Seide und Baumwolle. Es ist insofern Handwerk und nicht Kunst, als die Arbeit von stetiger Wiederholung geprägt ist, doch je mehr Übung die Hand erlangt, desto schöner wird das Ergebnis.« Und sie fügt hinzu: »Ich habe wirklich ausgesprochenes Glück, diese Leidenschaft leben zu können.« Selbst die Pflege der Wäsche erscheint ihr wie eine Liebestat, ein Geschenk. Das Bügeln der Bettwäsche ihrer drei Söhne verrichtet sie ebenso gerne wie das Zubereiten jenes kleinen Schokoladenkuchens, den sie so lieben.

Oben:
Im Schrank von Michel Biehn finden sich die Trophäen eines leidenschaftlichen Sammlers.

Rechts:
Diesen wunderschönen alten Unterrock kann man im »Musée du Costume et du Bijou« in Grasse bewundern.

Vielleicht mag auch Jacques Chibois aus diesen Gründen die alten Accessoires seiner Bastide Saint-Antoine so gern. Sein Ideal? Alles, was »nüchtern, aber einladend« ist. »Ich mag die weichen Stoffe sehr, die angenehm anzufassen sind und viel Volumen besitzen. Sie verbreiten eine gewisse Unordentlichkeit, sind es jedoch nicht wirklich. Von den alten Accessoires geht im Grunde etwas Harmonisches aus, etwas Entspanntes. Sie erleichtern das Leben, wie etwa auch Fliesenböden. Und natürlich, je älter sie werden, desto mehr Seele besitzen sie.«

Gebratene Birnen mit Gewürzen

Zutaten für 4 Personen:

Für die Birnen in Sirup:
2 Birnen
250 ml Mineralwasser
80 g Zucker (60 g + 20 g, um die Birnen goldgelb anzubraten)
2 dünne Streifen einer unbehandelten Zitronenschale
Einige Tropfen Zitronensaft
1 Sternanis
1 Zimtstange
1 Vanilleschote, der Länge nach aufgeschlitzt
2 g Safran
25 g Butter

Für das Birnenkompott:
5 Birnen
20 g frischer Ingwer, gerieben (oder 1 Prise Ingwerpulver)
20 g Butter
20 g Zucker

Für die Zimtsahne:
250 ml Sahne
Abgeriebene Schale einer unbehandelten Orange
25 g Honig
1 Prise Zimtpulver
Ausgekratztes Mark einer halben Vanilleschote

Für die Sauce:
250 ml Saft der gekochten Birnen
½ TL Maizena (Maisstärke)
1 EL Birnengeist

Zum Servieren:
Ganze Gewürze (Sternanis, Zimtstange, Vanilleschote)

Die Birnen in Sirup

Das Mineralwasser mit 60 g Zucker zum Kochen bringen, die Vanilleschote, den Safran, den Zimt, den Sternanis, die Zitronenschalen und den Zitronensaft hinzufügen.
Die Birnen schälen und in dem Sirup pochieren. Mit einer Nadel überprüfen, ob sie gar sind, und in der Flüssigkeit abkühlen lassen. 250 ml Sirup für die Sauce abschöpfen.
Die Früchte halbieren und das Kerngehäuse entfernen. Die Birnen nun in einer Pfanne mit 20 g Zucker und der Butter eine goldbraune Farbe annehmen lassen. Bei Zimmertemperatur beiseite stellen.

Das Birnenkompott

Die Birnen schälen, halbieren, das Kerngehäuse entfernen und die Früchte würfeln. In einer Pfanne mit Zucker und Butter goldbraun anbraten. Den Ingwer hinzufügen.

Die Zimtsahne

Die Schlagsahne in einer großen gekühlten Schale steif schlagen. Honig, Vanille, Zimt und die abgeriebene Orangenschale hinzufügen. Im Kühlschrank bereithalten.

Die Sauce

Die 250 ml Birnensirup in einem Topf zum Kochen bringen. Maizena in dem Birnengeist verrühren, die Mischung dem Sirup beigeben und 5 Minuten auf kleiner Flamme eindicken lassen. Die Sauce mit dem Schneebesen glatt rühren und abkühlen lassen.

Servieren

Das Birnenkompott in einen Kreis von etwa 10 cm Durchmesser in der Mitte jedes Tellers anrichten. Mithilfe eines Spritzbeutels mit kleiner glatt-runder Tülle einige Rosetten Zimtsahne darauf spritzen. Je eine Birnenhälfte darauf legen und mit etwas Sauce begießen. Mit ganzen Gewürzen dekorieren.

Tipp des Küchenchefs

Wenn die Birnen am Vortag pochiert werden, nehmen sie das Aroma der Gewürze noch besser an. Das Dessert lässt sich mit einer Kugel Vanille- oder Ananaseis abrunden.

Jacques Chibois empfiehlt

Vom Honig in der Küche

In der Bastide Saint-Antoine wird Honig in zahlreichen Rezepten verwendet. Honigeis schmeckt unvergleichlich, ebenso Honigsaucen. Eine Sauce auf Honigbasis passt hervorragend zu Fisch, besonders wenn sie mit Zitrone abgerundet wurde. Tatsächlich verleiht erst die Zitrone dem süßen, mitunter zu sanften Geschmack des Honigs eine besondere Note und setzt unvergleichliche Aromen frei. Stellen Sie sich eine Ente mit Honig und Gewürzen vor, wie sie der berühmte Gastronom Apicius schon in der römischen Antike zubereitete, oder ein auf dieselbe Weise angerichtetes Schweinekotelett. Fleisch lässt sich auch in Karamell schmoren, doch ist hier etwas Fingerspitzengefühl erforderlich, da der Karamell nicht anbrennen darf.

Selbstverständlich kann Honig auch bei der Zubereitung von Kuchen verwendet werden. Wählen Sie ihn zunächst nach seiner Beschaffenheit aus. Zähflüssiger Honig muss erst ganz leicht flüssig gemacht werden. Je weniger ein Honig behandelt wurde, desto mehr Geschmack besitzt er. Vor allem sollte man Honig auswählen, der nicht erhitzt wurde. Die Honigsorten aus der Provence besitzen außergewöhnliche Aromen, zum Beispiel Akazien- und Lindenblütenhonig, die angenehm aromatisieren, doch nicht alles überdecken. Für feines Gebäck lässt sich Lavendelhonig verwenden, der sehr sanft und sehr aromatisch ist, aber auch Blütenhonig oder Rosmarinhonig, der jedoch mitunter etwas heftig sein kann. In der Küche verzichtet man besser auf die Verwendung dunkler Honigsorten (von Tannenhonig rate ich ganz ab, Heidehonig kann verwendet werden): Wählen Sie lieber hellere Sorten.

Der Tian in seiner ganzen Vielfalt

Oben und rechts: Ein Tian besteht in erster Linie aus Gemüse, das häufig aus dem eigenen Garten stammt.

»Der Tian ist letztendlich ein Auflauf«, erklärt Jacques Chibois. »Man nimmt eine oder mehrere, häufig sogar minderwertige Zutaten, gibt sie in eine große irdene Form, lässt sie sanft garen und bekommt ein sättigendes Essen. Es gibt reine Gemüse-Tians, Tians mit Fleisch oder sogar mit Fisch, etwa Kabeljau. Ein Tian wird unmittelbar aus dem Ofen auf den Tisch gebracht. Aufgrund der langen Garzeit verbinden sich sämtliche Geschmacksnoten auf innige Weise.« Wie zahlreiche provenzalische Gerichte lässt sich auch ein Tian wieder aufwärmen – und gewinnt dadurch nur noch. Am nächsten Tag kommt der Tian häufig erneut auf den Tisch und wird dieses Mal mit einem einfachen Salat gereicht. »So erhält man zwei Mahlzeiten«, fügt Chibois hinzu, »aber auch zwei eigene Gestaltungen, mit zwei unterschiedlichen Geschmacksrichtungen.«

In seinen *Proses d'almanach* erwähnt Frédéric Mistral mehrfach Tians. Es handle sich dabei um ein »im Ofen gegartes Gericht, einen Auflauf« und ebenso um »eine große irdene Form, wenig tief, dafür sehr groß, die in manchen Regionen auch als *gavette* oder *grasal* (Graal) bekannt ist«. Die Bezeichnung bezieht sich also sowohl auf den Inhalt als auch auf die Form, in der er gegart wird. In diese gab man im Herbst häufig die letzten Gemüse des Gartens, denen, wenn vorhanden, einige Fleischreste hinzugefügt wurden. Bei Frédéric Mistral heißt es: »Der richtige Tian, der Tian aus Carpentras, ist ein Gemisch aus Gemüse, etwa Karden, Spinat, Petersilie oder Portulak, mit Kabeljau oder anderem Fisch gegart, mit Knoblauch, Salz und Pfeffer gewürzt und mit Eiern, Käse, Milch und vor allem Olivenöl gebunden. Mit einigen in Scheiben geschnittenen, hart gekochten Eiern bildet man auf der obersten Schicht Mosaiken und Arabesken und reibt schließlich etwas trocknes Brot darüber, das frisch aus dem Ofen goldblond aussieht und zum sofortigen Genießen verführt.«

Der Tian, der früher häufig im Backofen des Dorfes gegart wurde, war zunächst das Gericht der armen Leute. Auf seine schlichteste Form reduziert, bestand er aus Spinat, mit etwas Mehl bestäubt und einem Schuss Olivenöl versehen. Der *gratin d'épinards* wurde zudem mit geriebenem Gruyère bestreut, während der *roussin d'épinards,* ebenfalls ein Spinatauflauf, mit Eiern und Milch gegart wurde (siehe C. Chanot-Bullier, *Vieilles recettes de cuisine provençale*, Marseille: Tacussel, 1976). Doch die Reichen ließen sich den Tian ebenfalls schmecken. Frédéric Mistral erzählt die Geschichte eines alten Fischers, der sich darauf beschränken musste, den Karneval mit dem Verzehr von selbst gesammelten Herzmuscheln und den Schnecken seines Daches zu begehen, und ungewollt zusehen musste, wie die wohlhabenden Hausfrauen des Viertels an seinem Haus vorbeizogen: »Nahezu alle gingen zum Ofen von Maître Crubèsi, von dem es hieß, er würde gut garen, und brachten ihm ihre Auflaufformen. Und wenn diese Frauen zu so früher Stunde kamen, dann weil sie befürchteten, keinen Platz mehr im Ofen zu bekommen für ihre *fougasses* und anderen Backwaren, ihre Kroketten, ihre *croquants,* ihre Gänse und vor allem für ihre Pasteten, diese großen Pasteten, die man *croustades* nennt. Kurz vor der Mittagszeit kam dann das Weibervolk zurück mit ihren Schüsseln, ihren Tians, ihren Auflaufformen, aus denen die herrlichen Dinge dampften, die sie soeben aus dem Ofen hervorgeholt hatten, schön aufgegangen und wunderbar gegart. Die Straßen waren erfüllt mit dem Duft ihrer Speisen.«

Für viele Bewohner der Provence weckt der Tian Kindheitserinnerungen. So erinnert sich René Jouveau in *La Cuisine provençale de tradition populaire* an seine Großmutter, die in Vedène einen köstlichen Kürbis-Tian kochte. »In der Provence bereitete man noch alle möglichen Tians zu. Jener mit Kürbissen, wie ihn meine Großmutter Jouveau in Vedène machte, war einfach köstlich. Als Kind bewunderte ich die Gleichmäßigkeit der kleinen glänzenden Würfel, die vom

Messer meiner Großmutter herabfielen, wie winzige Bausteine eines Miniaturgebäudes. Die Vielzahl dieser kleinen Würfel wurde anschließend in einem Handtuch mit Mehl bestäubt und in einer Auflaufform verteilt, die zuvor mit Öl gefettet und mit Knoblauch und gehackter Petersilie ausgerieben war. Das Ganze wurde mit Pfeffer und Salz gewürzt und kam ohne Hinzufügen von Wasser in den Ofen. Das Gericht wurde erst herausgenommen, wenn die Oberseite mehr oder weniger verkohlt war. Ein Kürbisauflauf ist nicht sonderlich nahrhaft, doch bildet er einen Teil jener geistigen Nahrung, welche die Dichtervölker des Mittelmeeres so schätzen.«

Der Tian erfordert eine lange Garzeit, wie sie nur schwer in einem Restaurant zu bewerkstelligen ist, dafür aber umso besser in der eigenen Küche. Jacques Chibois hat diese Art von Gericht in dem Bistro seiner Mutter in Limoges bestens kennen gelernt, wo er ihr als Kind zur Hand ging. Seiner Meinung nach passen Gerichte mit längeren Garzeiten besser in eine Gegend mit kühlerem Klima. Die Provence fordert hingegen »eine ausdrucksstärkere Küche mit eher rohen Zutaten – lediglich etwas Öl auf eine Tomate, Kräuter, Gewürze, und das war's. Richtig gekocht wird ausschließlich in den Wintermonaten.« Doch er schätzt sich glücklich, die beiden unterschiedlichen Küchentraditionen zu kennen und sie anwenden zu können: »Ich beherrsche die Kultur des Garens, und jene neue Kultur des Nicht-Garens aus dem Süden.« Auf diese Weise verbindet der Küchenchef die ausgeprägten Geschmacksnoten des *terroir,* also der jeweiligen Region, zu einer neuen Form der Feinschmeckerkunst.

Oben und rechts: Diese wunderschönen Tian-Formen in der Küche des Pavillon de Galon in Cucuron warten auf ihre köstliche Füllung.

Tian mit Gemüse

Zutaten für 6 Personen:

50 g Reis
1 kg Zucchini
2 Zwiebeln
1 Knoblauchzehe
1 Bund Mangold, die Blattrippen entfernt
3 Eier
50 g mageres gepökeltes Schweinefleisch
Einige Stängel Basilikum oder Petersilie
50 g Parmesan
3 EL Olivenöl
Salz und Pfeffer

Der Tian

Den Reis 10 Minuten in einem Topf mit sprudelndem Salzwasser (20 g Salz pro 1 l) garen, mit lauwarmem Wasser abspülen und sorgfältig abtropfen lassen.
Die Zucchini schälen, in Stücke schneiden und je nach Alter und Größe 5–8 Minuten in kochendem Wasser garen. Abgießen und durch eine »Flotte Lotte« passieren.
Den Ofen auf 170 °C vorheizen.
Zwiebeln schälen und klein hacken, Knoblauch schälen und zerdrücken und beides mit 2 Esslöffel Olivenöl in einer Pfanne anbraten. Mangold waschen, trockenschleudern, fein hacken und zusammen mit den pürierten Zucchini hinzufügen.
Die Eier verschlagen, pfeffern und salzen. Basilikum oder Petersilie, klein gehackt, hinzugeben, ebenso das fein gehackte, gepökelte Schweinefleisch und den geriebenen Parmesan.
Die Eiermischung sowie den Reis zum Gemüse geben und abschmecken. In eine geölte Auflaufform füllen und 45 Minuten im Ofen garen. Gegen Ende der Garzeit die Temperatur etwas erhöhen und das Gericht 10 Minuten gratinieren.

Tipp des Küchenchefs

Diese vollständige Mahlzeit schmeckt warm oder kalt. Im Winter können die Zucchini durch Kürbisse ersetzt werden.

Gebratenes Zicklein

mit Sauerampfersauce, Gemüse und »petits farcis«

Zutaten für 4 Personen:

Für das Zicklein:
1 vorbereitete Keule und 1 Karree (Knochen und vom Metzger entfernte Fleischreste für die Sauce mitgeben lassen)
5 Knoblauchzehen
Einige Lorbeerblätter
Einige Blätter Bohnenkraut
Einige Thymianzweige
50 g weiche Butter
2 EL Olivenöl
Salz und Pfeffer

Für die Sauce:
1 Lorbeerblatt
Je 1 Zweig Rosmarin und Thymian
Einige Blättchen Bohnenkraut
1 weiße Zwiebel
3 Knoblauchzehen
2 EL Weißwein
150 ml Sahne
5 Blätter Sauerampfer
Einige Spritzer Zitronensaft
Salz und Pfeffer

Für das Gemüse:
200 g enthülste Dicke Bohnen
8 weiße Rübchen mit Grün
250 g neue Kartoffeln
8 kleine Zwiebeln
1 Lorbeerblatt
1 Rosmarinzweig
20 g Butter
2 EL Olivenöl
Salz und Pfeffer

Für die »petits farcis«:
6 runde Zucchini
6 Patissons (kleine Kürbisart)
6 kleine Tomaten
4 EL Olivenöl
5 Scheiben Weißbrot, gewürfelt
50 ml Milch
100 g frisch geriebener Parmesan
3 Eier
10 EL gehackte Petersilie
3 EL fein gehacktes Basilikum
2 Knoblauchzehen, geschält und zerdrückt
6 Zucchiniblüten
1 Würfel gekörnte Qualitäts-Geflügelbouillon
Salz und Pfeffer

Das Zicklein

Die Keule mit Knoblauchstiften spicken (hierzu vier Zehen dritteln oder vierteln). Das Fleisch salzen und pfeffern. Die Fleischstücke mit der Butter bestreichen. Zusammen mit den Fleischresten und den Knochen in eine gusseiserne Form geben und mit 1 Esslöffel Olivenöl anbraten, in den Ofen schieben und das Karree 12–15 Minuten, die Keule 30 Minuten garen. Das Fleisch mit Alufolie bedecken und in der Nachwärme des Ofens auf einem Rost ruhen lassen.
Vor dem Servieren Keule und Karree zusammen mit Thymian, Lorbeer, Bohnenkraut und einer geschälten und halbierten Knoblauchzehe in eine ofenfeste Form geben, mit 1 Esslöffel Olivenöl beträufeln und 5 Minuten im auf 200 °C erhitzten Ofen erwärmen.

Die Sauce

Die Form mit den Fleischresten erhitzen. Thymian, Rosmarin, Bohnenkraut und Lorbeer, die mit der Haut zerdrückten Knoblauchzehen und die geschälte und klein gehackte Zwiebel hinzufügen, alles goldbraun anbraten und mit Weißwein und 300 ml Wasser ablöschen. 10–12 Minuten köcheln lassen. Die Sauce durch ein Sieb streichen, in einen kleinen Topf füllen und bei geringer Hitze reduzieren. Sahne hinzufügen, salzen und pfeffern, aufkochen und vom Herd nehmen. Kurz vor dem Servieren den gewaschenen, geschleuderten und gehackten Sauerampfer sowie den Zitronensaft hinzugeben.

Das Gemüse

Die Dicken Bohnen in kochendes Salzwasser (20 g Salz für 1 l Wasser) geben und herausnehmen, sobald das Wasser wieder aufkocht. Mit kaltem Wasser abschrecken und abgießen. Die Bohnen aus ihrer Haut drücken. Die weißen Rübchen schälen und ebenfalls in kochendem Salzwasser je nach Größe 8–10 Minuten garen, anschließend mit kaltem Wasser abschrecken und sofort abgießen.
Die Kartoffeln schälen und mit Lorbeer und Rosmarin in 1 Esslöffel Olivenöl in einer Pfanne anbraten. Die Zwiebeln schälen und mit 1 Esslöffel Wasser, Salz und Pfeffer sowie der Butter in einen Topf geben. Abdecken und 10 Minuten köcheln lassen.
Bohnen und Rübchen in einen Topf geben und mit 1 Esslöffel Wasser und 1 Esslöffel Olivenöl erhitzen.

Die »petits farcis«

Von den Gemüsen das obere Viertel abschneiden und das Fruchtfleisch entnehmen. Das Fruchtfleisch der Tomaten für ein anderes Rezept verwenden. Die Zucchini und die Patissons samt ihren Deckeln 4 Minuten in kochendes Salzwasser geben. Abgießen. Das Fruchtfleisch der Zucchini und der Kürbisse klein würfeln und in 2 Esslöffel Olivenöl in einer Pfanne anbraten. Die Brotwürfel in der Milch einweichen. Das abgekühlte Fruchtfleisch mit Parmesan, den verschlagenen Eiern, den Brotwürfeln, Petersilie, Basilikum und Knoblauch vermengen, salzen und pfeffern. Die Zucchiniblüten und die Gemüse füllen, die Deckel wieder aufsetzen und alles in eine Auflaufform geben.
Den Ofen auf 200 °C vorheizen. Geflügelbouillon in etwas Wasser auflösen und mit dem restlichen Olivenöl zum Kochen bringen, über die Gemüse gießen, mit Alufolie abdecken und etwa 20 Minuten im Ofen garen.

Servieren

Die Fleischstücke auf einem Servierteller anrichten, Gemüse und »petits farcis« um das Fleisch garnieren. Etwas Sauce um das Fleisch gießen und die übrige Sauce in einer Sauciere reichen.

Tipp des Küchenchefs

Für die »petits farcis«: Die Gemüse und die Füllung bereits zu Beginn gut garen, so müssen sie dann später nur noch in einer Form mit etwas Olivenöl erhitzt werden.

Jacques Chibois empfiehlt

Von echten Bratkartoffeln

Für die Zubereitung gebratener Kartoffeln benötigt man zunächst ein relativ geschmacksneutrales Öl. Wer Olivenöl verwendet, sollte hier ein leichtes Öl vorziehen. Erdnuss- und Traubenkernöl eignen sich bestens für diese Art des Garens, denn weniger hitzetaugliche Öle lassen die Kartoffeln schwer und schlecht verdaulich werden.
Zunächst wird die Pfanne erhitzt, dann das Öl hineingegeben. Die gut abgetrockneten Kartoffeln hinzufügen und unverzüglich salzen, damit das Salz auch in die Kartoffel eindringt.
Die Kartoffeln mehrfach wenden, damit sie von allen Seiten Farbe annehmen, dann auf kleiner Flamme weitergaren lassen. Die Pfanne zur Hälfte abdecken (vollständiges Verschließen würde verhindern, dass die Kartoffeln goldbraun und knusprig werden), sodass möglicherweise entstehender Dampf entweichen kann. Die Kartoffeln jetzt nur gelegentlich wenden, sonst werden sie nicht schön goldbraun und zerfallen womöglich. Nach drei Vierteln der Garzeit Butter oder Entenschmalz und Gewürze (Rosmarin oder andere Kräuter) hinzufügen, oder auch ungeschälte Knoblauchzehen, was den Geschmack noch intensiviert. Werden diese Zutaten von Beginn an beigefügt, so verbrennen sie und büßen ihr Aroma ein. Wer diese wenigen Ratschläge befolgt, sollte in den Genuss der besten Bratkartoffeln gelangen.

Heiraten in der Provence

Geheiratet wurde niemals im Mai, dem Monat, der der Jungfrau Maria gewidmet ist. Deshalb heißt es in der Provence: *Mai lou bèu mia, marido gaire, Mai espli li calignaire* – »Der schöne Monat Mai vermählt nicht, doch lässt er die Verehrer erblühen«.

Vor dem großen Tag beendete der Mann sein Junggesellendasein mit einer falschen Beerdigung, während seine Liebste ihre Freundinnen empfing, um ihnen die Aussteuer vorzuführen: zwei wunderbare Anlässe für ein gutes Mahl. Am Abend vor der Hochzeit fand der »Vertragsabend« statt, im Rahmen eines Abendessens im Familienkreis. Am Tag selbst wurde zumeist morgens Hochzeit gefeiert, gefolgt von einem Festbankett, das bis zum abendlichen Ball andauerte. Der Ablauf der Feierlichkeiten war vom Volksglauben geprägt: Das Brautkleid durfte nicht vor dem Morgen der Hochzeit ins Haus gebracht werden. Um Unglück abzuwenden, gab man Salz in die Tasche des Bräutigams und in die Schuhe der Braut. Wenn es dem Bräutigam in der Kirche gelang, auf dem Kleid seiner zukünftigen Frau zu knien, bedeutete dies, dass er die führende Rolle in ihrem gemeinsamen Leben übernehmen würde. Wollte die Frau ihre Autorität erhalten, so bog sie den Finger, wenn diesem der Ring übergestreift wurde.

Beim Verlassen der Kirche wurden die Eheleute von Tambourinspielern empfangen und gingen unter einem Blumenbogen hindurch. Hatte das Paar seine Wurzeln in der Camargue, wurde der Bogen durch ein Dach aus Dreizacken ersetzt, gehalten von *gardians* zu Pferde, den Cowboys der Camargue. Kinder, die an den unteren Kirchenstufen standen, schrien »Vivo li nòvi« und durften erwarten, dass aus dem Hochzeitszug ein Regen von Bonbons und Münzen auf sie niedergehen würde. Falls dieser Regen eher mager ausfiel, konnte man auf Provenzalisch hören: *Es malant, lou nòvi, es malant. A manja de coucourdo e lou bounioun i a fa mau* – »Er ist krank, der Bräutigam, er ist krank. Er hat Kürbis gegessen, und die Brühe hat er nicht vertragen.« In ihrem Roman *Les Gens de*

Oben:
Sämtliche traditionellen Feste in der Provence werden von Tambourinspielern begleitet.

Mogador erzählt Élisabeth Barbier: »Das Hochzeitsmahl, begonnen mit der gebührenden, etwas förmlichen Langsamkeit, belebte sich, sobald der Braten serviert wurde.«

Heutzutage werden Hochzeiten eher nachmittags gefeiert, vielleicht sind die Menschen heute ja weniger ausdauernd als ihre Vorfahren. Einige Gäste sind lediglich zum Aperitif eingeladen, doch ist stets auch ein Tisch für Nicht-Geladene vorgesehen, wie uns ein erfahrener Traiteur erzählt. Häufig ist die Hochzeitsetikette besonders kompliziert, wie bei jenem Fest, bei dem der Vater der Braut lediglich den Gästen Champagner ausschenken wollte, die von seiner eigenen Familie eingeladen worden waren …

Geblieben ist der Myrtenkranz, welchen die Braut im 19. Jahrhundert häufig ihr Leben lang unter Glas aufbewahrte, und der heute oft aus Orangenblüten besteht. Geblieben ist auch das Brautkleid. Bis zum Zweiten Kaiserreich wurde übrigens nicht in Weiß geheiratet, sondern in Grün, der Farbe der Hoffnung, die zudem die (wenn auch noch relative)

Unabhängigkeit der jungen Frau symbolisierte. Hélène Costa, die in Grasse das »Musée Provençal du Costume et du Bijou« (Provenzalisches Trachten- und Schmuckmuseum) geschaffen hat, erzählt, dass das dort ausgestellte grüne Kleid ihrer Ururgroßmutter gehörte, die im Jahre 1843 im Alter von achtzehn Jahren geheiratet hat.

In der Bastide Sainte-Antoine werden viele Hoch - zeiten gefeiert. Für Jacques Chibois besitzen die Südfranzosen einen ausgeprägten Sinn für Feste und Feierlichkeiten. Auch sei die Ehe im Süden ein stabiler Wert geblieben, selbst wenn das Paar bereits eine Weile zusammenlebt und gemeinsam mit seinen Kindern zur Hochzeit kommt. Die Festlichkeiten beginnen meist wie früher am Vortag mit einem »sehr einfachen und entspannten« Essen im Familienkreis. Der Küchenchef erzählt, dass dann am Tag der Hochzeit zum Brunch auf der Terrasse geladen wird: »Die Menschen essen viel, wohl wissend, dass das Mittagessen ausfallen wird, weil es dann gilt, sich festlich zu kleiden und zur Kirche zu gehen. Gegen halb sieben abends wird ein ausführlicher Aperitif mit vielen Canapés gereicht. Zu diesem Anlass kommt der Garten wunderbar zur Geltung, die Älteren ziehen sich in einen Winkel zurück, die Kinder tollen und spielen. Das Abendessen findet gegen halb neun statt und dauert mindestens bis Mitternacht. Anschließend amüsiert man sich.«

Oben:
Ein Brautkleid gelangt hier im »Musée du Costume et du Bijou« in Grasse zu neuen Ehren.

Rechts:
Die traditionelle Tracht war je nach Region, Alter und sozialer Stellung unterschiedlich.

Der musikalische Unterhalter Bruno Gedda, der zurzeit die elegantesten Hochzeiten in der Provence organisiert, merkt an, dass trotz des Verlustes zahlreicher Bräuche es immer noch der Vater der Braut ist, der mit seiner Tochter den Ball eröffnet. Die *nòvi* (das Brautpaar) entschwinden kurze Zeit später, gelegentlich von indiskreten Spaßvögeln begleitet. Gedda selbst bleibt da, um »für etwas Feuer zu sorgen«, und es wird bis in die frühen Morgenstunden getanzt. »Und am nächsten Tag«, fährt Jacques Chibois fort, »trifft sich die gesamte Familie zu einer Pistou-Suppe, zu Tians, Salaten und all jenen einfachen Gerichten, die es nach einem Festschmaus gibt.«

Jakobsmuscheln
in Mandelmilch

Zutaten für 4 Personen:

Für das Kichererbsenpüree:
150 g Kichererbsenmehl
6 EL Olivenöl
20 g Butter
5 g Parmesan
Salz und Pfeffer

Für die Gemüsesauce:
½ Fenchel
2 junge Zwiebeln
2 EL Olivenöl
2 Knoblauchzehen
1 Prise Kurkuma
1 Prise Fenchelsamen
1 Prise geriebene Muskatnuss
Abgeriebene Schalen einer unbehandelten Zitrone und einer unbehandelten Orange
1 EL Orangensaft
20 g weiche Butter
Einige Spritzer Zitronensaft

Für die Jakobsmuscheln:
20 Muschel-Nüsschen, fleischig und schön frisch
1 Knoblauchzehe
1 EL Olivenöl
1 kleine Prise Currypulver
Salz und Pfeffer

Für die Mandelmilch:
100 ml Sahne
Einige Tropfen Amaretto (Mandellikör)

Zum Servieren:
Paprikaflocken

Das Kichererbsenpüree
Das Kichererbsenmehl in eine Schüssel geben, salzen und pfeffern. 500 ml Wasser und das Olivenöl nach und nach unter Rühren mit einem Holzlöffel angießen, bis ein glatter Teig, etwa wie für Crêpes, entsteht. Den Teig in einen Topf umfüllen und unter ständigem Rühren auf mittlerer Stufe erhitzen. Wenn die Masse eindickt, Butter und frisch geriebenen Parmesan einarbeiten.

Die Gemüsesauce
Den halben Fenchel waschen, klein schneiden und in einem Schmortopf mit den geschälten, fein gehackten Zwiebeln und 1 Esslöffel Olivenöl anschwitzen. Die geschälten, zerdrückten Knoblauchzehen sowie Fenchelsamen, Muskatnuss, Zitrusschalen und Kurkuma hinzufügen. 250 ml Wasser und Orangensaft angießen und 15 Minuten bei schwacher Hitze köcheln. Die Mischung durchseihen, in einen Topf umfüllen und bei schwacher Hitze reduzieren, bis etwa 120 ml Sauce übrig ist. Aufschlagen und die Butter mit 1 Esslöffel Olivenöl unterziehen, zum Schluss den Zitronensaft angießen.

Die Jakobsmuscheln

Salz, Pfeffer und Curry vermischen und die Jakobsmuscheln damit bestäuben. Das Olivenöl zusammen mit einer in der Haut zerdrückten Knoblauchzehe in einer Pfanne erhitzen und die Nüsschen darin zügig von beiden Seiten goldbraun braten.

Die Mandelmilch

In einem Topf die Sahne mit dem Amaretto erhitzen. Die Mandelmilch kurz vor dem Servieren fest aufschlagen, um ihr eine schaumige Konsistenz zu verleihen.

Servieren

Auf jeden Teller 5 Teelöffel Kichererbsenpüree verteilen, darauf je eine Jakobsmuschel setzen. Mit Gemüsesauce begießen und dekorativ mit einem Streifen Mandelmilch nappieren. Mit Paprikaflocken abrunden.

Tipp des Küchenchefs

Eine schöne Konsistenz erhält die Mandelmilch, wenn sie in letzter Minute mit dem Mixer aufgeschlagen wird.

Aprikosentäschchen
mit glasierten Mandeln

Zutaten für 4 Personen:

Für den Aprikosencoulis:
8 Aprikosenhälften in Sirup
1 Tropfen flüssiges Vanillearoma

Für die glasierten Mandeln:
50 g Mandeln
Einige Tropfen Zitronensaft
1 Eiweiß
100 g Puderzucker

Für die Aprikosentäschchen:
200 g Butter (125 g weiche Butter für die Mandelcreme, 60 g zerlassene Butter für die Täschchen und 15 g für die Aprikosen)
125 g Zucker
125 g gemahlene Mandeln
2 Eier (bei Zimmertemperatur)
25 g Mehl
1 EL Aprikosengeist
4 Aprikosenhälften in Sirup
1 Tropfen flüssiges Vanillearoma
1 EL Honig
4 Blätter Filoteig

Zum Servieren:
Puderzucker

Der Aprikosencoulis

Die Aprikosen mit 50 ml Sirup und der Vanille im Mixer pürieren. Den Coulis bis zur Verwendung im Kühlschrank aufbewahren.

Die glasierten Mandeln

Den Ofen auf 160 °C vorheizen.
Das Eiweiß mit dem Puderzucker und dem Zitronensaft zu einer homogenen Masse verschlagen. Die Mandeln mit der Mischung bepinseln, auf ein mit Backpapier belegtes Backblech setzen und 35 Minuten in den Ofen geben. Wenn sie eine schöne goldgelbe Farbe angenommen haben, können sie herausgenommen werden. Trocken in einer Dose aufbewahren.

Die Aprikosentäschchen

Für die Mandelcreme in einer Schüssel mit einem Schneebesen 125 g weiche Butter und den Zucker verschlagen. Die gemahlenen Mandeln unterziehen, dann die Eier. Mehl unterrühren und zu einer glatten Creme verarbeiten, die mit Aprikosengeist aromatisiert wird.
Die Aprikosen in Scheiben schneiden und mit 15 g zerlassener Butter in einer Pfanne erhitzen, bis sie goldgelb sind. Die Vanille zufügen und abkühlen lassen.
Die Aprikosen behutsam mit der Mandelcreme vermischen. Acht kleine Kugeln gleicher Größe formen und diese eine Stunde in den Kühlschrank stellen.
Den Ofen auf 180 °C vorheizen.
Ein Blatt Filoteig mit geschmolzener Butter und Honig bestreichen. Mit einem weiteren Blatt bedecken. Den Vorgang mit zwei weiteren Blättern wiederholen. Daraus acht Quadrate à 15 cm schneiden, in die Mitte je eine Mandel-Aprikosen-Kugel setzen und das Viereck zu einem kleinen Täschchen verschließen. Auf ein gebuttertes Backblech setzen und 10 Minuten im Ofen backen.

Servieren

Die kleinen Täschchen behutsam mit einem Spatel vom Backblech lösen und mit Puderzucker bestäuben. Auf Tellern platzieren, etwas Aprikosencoulis angießen und die glasierten Mandeln locker darüber verteilen.

Tipp des Küchenchefs

Den Teig in der Folie aufbewahren und die Blätter nur nach und nach herausnehmen, da sie an der Luft rasch trocknen und sich dann nicht mehr bearbeiten lassen. Die Aprikosentäschchen können auch auf Backpapier gebacken werden, dann lassen sie sich besser ablösen.

Ein Engländer in Nizza im Jahre 1764

Oben und rechts: Märkte an der Côte d'Azur, früher und heute.

Der englische Arzt und Schriftsteller Tobias George Smollett, der heute vor allem wegen seiner Schelmenromane gerühmt wird, ließ sich im Jahre 1764 in Nizza nieder. Er war ein hervorragender Zeuge der kulinarischen Entwicklungen seiner Zeit und hielt seine launigen Beobachtungen in »Travels in France and Italy«, einer Art Tagebuch in Briefform, fest. Direkt vor den Mauern der Stadt konnte er den malerischen ländlichen Anbau allerlei Gemüse- und Obstsorten betrachten. »Die Landschaft, die sich vor meinen Augen öffnet, ist vollständig bewirtschaftet, wie ein kleiner Garten. Im Übrigen scheint die ganze Ebene aus Gärten zu bestehen, voller sattgrüner Bäume, mit Orangen, Zitronen, Zitronatzitronen und Bergamotten beladen, die ein reizendes Bild ergeben. Bei näherer Betrachtung findet man kleine Parzellen mit Erbsen, die darauf warten, gepflückt zu werden, allerlei herrliches Gemüse und Beete mit Rosen, Nelken, Ranunkeln, Anemonen und Narzissen. In ihrer ganzen Pracht sind sie schöner, kräftiger und duftender als irgendeine Pflanze, die ich jemals in England gesehen.« (XIII. Brief, 15. Januar 1764)

Der Schriftsteller wählte eine Unterkunft in der Stadt, die es ihm ermöglichte, Tag für Tag den Reiz dieser Landschaft auszukosten: »Ich habe auch zwei kleine Gärten voller Orangenbäume, Zitronen- und Feigenbäume, Weinreben, Salatköpfe und Gemüse. Dort gibt es einen Brunnen mit gutem Wasser und einen weiteren im Vestibül des Hauses, der gar frisch und groß und herrlich ist.« (XVIII. Brief, 2. September 1764)

Der englische Arzt wollte alles über die örtliche Landwirtschaft erfahren, insbesondere was die Produktion von Wein und Olivenöl betrifft. Als anspruchsvoller Feinschmecker entdeckte er den Markt von Nizza und erging sich mit offensichtlichem Genuss in der detailreichen Schilderung der feilgebotenen Waren. Die Auslagen erschienen ihm »ziemlich gut bestückt. Das Rindfleisch aus dem Piemont ist von hinreichender Güte, auch findet man es das ganze Jahr über. Im Winter ist das Schweinefleisch hervorragend, das Lammfleisch zart, doch das Hammelfleisch

sehr durchschnittlich. Das Piemont liefert ebenfalls köstliche, mit Mais genährte Kapaune, auch stammen aus dem Land hervorragende Truthühner, doch nur sehr wenige Gänse. Hühner und Hähnchen sind entsetzlich mager. Ich habe versucht, sie zu mästen – ohne jeglichen Erfolg. Im Sommer leiden sie Durst und sterben in großer Zahl. Herbst und Winter ist hier die Saison für Wild: Hasen, Rebhühner, Wachteln, Ringeltauben, Schnepfen, Drosseln. Mitunter trifft man in den Bergen auf Wildschweine: Sie schmecken köstlich und erinnern im Geschmack an die wilden Schweine auf Jamaika […]. In Nizza fehlt es nicht an Fischsorten […]. Im Allgemeinen sind Seezungen und Plattfische eher selten anzutreffen. Es gibt einige Meeräschen und einige Rotbarben. Gelegentlich findet man einen Petersfisch, Makrelen, relativ häufig Knurrhahn und in großen Mengen eine Art großen Wittling, den ich sehr empfehlen kann, ohne jedoch so fein wie jener zu sein, den man vor unseren Küsten fängt. Einer der besten Fische dieser Region ist der Wolfsbarsch, weiß, fest und geschmackvoll, er wiegt zwei bis drei Pfund […]. Es gibt Unmengen von Tintenfischen, aus denen man hier ein hervorragendes Ragout bereitet, und Seepolypen, ein schreckliches Tier

mit langen Fangarmen, die es häufig um die Beine des Fischers schlingt. Sie werden mit Zwiebeln geschmort und erinnern dann an Rindsfüße.«
(XVIII. Brief, 2. September 1764)

Es bietet sich natürlich an, diese Schilderung mit unserem heutigen Angebot zu vergleichen. So heißt es etwa im XIX. Brief vom 10. Oktober 1764: »Im Winter findet man Erbsen, Spargel, Artischocken, Blumenkohl, Dicke Bohnen, grüne Bohnen, Sellerie, Chicorée, Kohl, Radieschen, weiße Rüben, Möhren, Rote Bete, Sauerampfer, Kopfsalat, Zwiebeln, Knoblauch und Schalotten. Aus den Bergen kommen Kartoffeln, Champignons und Trüffeln. Aus dem Piemont stammen weiße Trüffeln, die als die besten der Welt gelten und die für drei Pfund pro Pfund gehandelt werden. Zu den Früchten der Saison zählen gesalzene Oliven, Orangen, Zitronen, Zitronatzitronen, getrocknete Feigen, Rosinen, Äpfel, Mandeln und Maronen, Walnüsse, Haselnüsse, Mispeln, Granatäpfel und die Früchte, die Acerola genannt werden. Sie sind rot, haben etwa die Größe einer Muskatnuss, eine längliche Form, und einen angenehm säuerlichen Geschmack [...]. Im Sommer erreichen diese Erzeugnisse nahezu Vollkommenheit. Es gibt auch eine kleine Kürbisart, aus der mit Eiern, Käse und frischen Sardellen ein wohlschmeckendes Ragout bereitet wird [...]. Wilde Kapernsträucher habe ich gesehen, die in den Mauerspalten der Gärten wachsen und keinerlei Pflege bedürfen. In einigen wenigen Gärten gibt es auch Palmen, doch reifen ihre Datteln niemals aus.«

Einige dieser Früchte würden in Cafés feilgeboten, so Smollett, wo sie zu *»Sorbettes«* umgewandelt seien, »gefrorene Mischungen, auf der Basis von Orangen, Aprikosen oder Pfirsichen«, die er »sehr angenehm« findet. Als Arzt hält er sie, in maßvollen Mengen genossen, für ungefährlich.

Smollett befasste sich ausführlich mit seiner Gesundheit, gelegentlich bis hin zur Hypochondrie, doch war er auch bemüht, das leibliche Wohl nicht zu vernachlässigen. Neben gutem Essen zählte für ihn dazu eine weitere Freude, die für die Zeit überaus ungewöhnlich war: jene des Badens. Er bewunderte den »schönen, freien Strand, der sich mehrere Meilen westlich von Nizza erstreckt« (XXIII. Brief, 19. November 1764), zeigte sich jedoch vorsichtig: »Das Meer ist sehr tief, und das Ufer fällt plötzlich steil ab.« Auch erzählt er von seinen Abenteuern: »Die Menschen waren sehr erstaunt, als ich Anfang Mai mit dem Baden begann [...], und die Ärzte sagten einen sofortigen Tod voraus.« Natürlich geschah nichts dergleichen, und der Tourist regte

sogar zur Nachahmung an. Doch tat es ihm Leid, dass das Baden dem schönen Geschlecht gänzlich vorenthalten bleiben musste, »es sei denn, man verzichtete auf jegliche Zurückhaltung, denn der Strand ist stets voller Menschen und Fischerboote.«

Oben:
Kohl und andere Gemüsesorten im Garten von Val Joanis (siehe auch Seite 90).

Der Bericht Smolletts ermöglicht uns reizvolle Vergleiche des Alltagslebens in Nizza in der zweiten Hälfte des achtzehnten Jahrhunderts mit unserer Zeit. Und mag der Autor auch das Opfer manch eines damals herrschenden Vorurteils geworden sein, das uns heute schmunzeln lässt, so liefern seine gastronomischen Betrachtungen doch seltene und wertvolle Details. Vor allem gelangt in ihnen sein Wunsch zum Ausdruck – ebenfalls durchaus ungewöhnlich für einen Engländer seiner Zeit, wenngleich die Briten bereits zahlreich an der Côte d'Azur vertreten waren –, die herrlichen Erzeugnisse dieses südfranzösischen Landstrichs kennen zu lernen und zu kosten.

Grüne Erbsen mit Morcheln
auf Blättern von Roter Bete

Zutaten für 4 Personen:

Für die Morcheln:
450 g frische Morcheln
30 g Schalotten
20 g Butter
2 EL Noilly Prat
2 EL roter Portwein
10 g getrocknete Morcheln, äußerst fein gehackt und mit 200 ml Sahne vermischt
1 TL fein gehackter Estragon
Einige Tropfen Zitronensaft
1 EL Weißwein

Für die Erbsen:
160 g Erbsen
50 g Zuckerschoten
1 Prise gekörnte Qualitäts-Geflügelbouillon
Salz

Zum Servieren:
Einige Blätter Grün von Roter Bete (oder Blätter eines charaktervollen Salates, etwa Feldsalat oder Löwenzahn)

Die Morcheln
Die Morcheln waschen und die Stiele abschneiden. Die geschälten und klein gehackten Schalotten in einer Pfanne in Butter leicht anschwitzen. Mit Noilly Prat, dann mit Portwein ablöschen. Morcheln in Sahne hinzufügen und zugedeckt 12–15 Minuten auf kleiner Flamme dünsten. Gegen Ende der Garzeit den Estragon beigeben. Kurz vor dem Servieren die Sauce mit Weißwein und Zitronensaft aufschlagen.

Die Erbsen
Die Zuckerschoten 3 Minuten in kochendem Salzwasser garen (20 g Salz für 1 l Wasser), anschließend in kaltem Wasser abschrecken. Die Erbsen auf die gleiche Weise garen. Sorgfältig abtropfen lassen.
Die Zuckerschoten und die Erbsen in einem Topf mit etwas Wasser, der Geflügelbouillon und einer Prise Salz erhitzen. Einige Minuten kochen lassen.

Servieren
Die Erbsen am Rand von tiefen Tellern garnieren, die Morcheln in die Mitte geben, mit Sauce nappieren und die gewaschenen Blätter Rübenkraut dekorativ hinzufügen.

Tipp des Küchenchefs
Sollte es keine frischen Morcheln geben, können auch getrocknete verwendet werden, die man zuvor in kaltem Wasser quellen lässt. Nach dem Entfernen der Stiele werden die Morcheln halbiert und zubereitet wie angegeben.

Wachtelbrust
mit Dinkel à la provençale und Nizza-Gemüse

Zutaten für 4 Personen:

Für die Wachteln:
6 schöne Wachteln (3 Brustfilets pro Person je nach Größe)
1 EL Olivenöl
1 EL Tapenade
Salz und Pfeffer

Für die Sauce:
1 Möhre
20 g Knollensellerie
2 Schalotten
2 Stängel getrockneter Fenchel
1 Lorbeerblatt
1 Thymianzweig
2 Knoblauchzehen
50 ml Marc de Provence
5 g getrocknete Steinpilzscheiben
4 Sternanis
20 g Butter
2 EL Olivenöl
Salz und Pfeffer

Für das Gemüse:
1 Fenchel
4 junge Artischocken
2 kleine Zucchini
Saft von 1/2 Zitrone
1 Prise gekörnte Qualitäts-Geflügelbouillon
1 Prise gemahlener Kreuzkümmel
1 EL Tomatenmark
150 g Dinkel
2 Knoblauchzehen
5 frische Salbeiblätter
15 g Butter
25 g Parmesan
2 EL Olivenöl
1 Aubergine
Salz und Pfeffer

Zum Servieren:
Einige Salbeiblätter

Die Wachteln

Die Wachteln beim Metzger auslösen lassen. Flügel, Beine und Knochen zerkleinern.
Die Filets salzen, pfeffern und in einer beschichteten Pfanne in Olivenöl anbraten, bis sie eine goldene Farbe annehmen, die Seite mit der Haut nach unten. Nach dem Wenden die Fleischseite noch 30 Sekunden braten – die Filets sollen gerade gar sein. Auf einem Rost im ausgeschalteten, aber noch warmen Ofen in Alufolie ruhen lassen, die Haut dann mit Tapenade bestreichen.
Vor dem Servieren im Ofen 4–5 Minuten bei 180 °C aufwärmen.

Die Sauce

In einem gusseisernen Topf die Flügel, Beine und Knochen zusammen mit den Schalotten, der Möhre und dem Knollensellerie, alles geschält und in grobe Würfel zerkleinert, in 1 Esslöffel Olivenöl anschwitzen. Getrocknete Fenchelstängel, die geschälten und zerdrückten Knoblauchzehen, Lorbeer und Thymian hinzugeben. Wenn alles eine sattgoldene Farbe angenommen hat, mit Marc de Provence flambieren. 200 ml Wasser angießen, die getrockneten Steinpilze hinzugeben und 25 Minuten auf kleiner Flamme köcheln lassen. Die Sauce durch ein Sieb streichen, in einen Topf gießen und auf kleiner Flamme bis auf 120 ml Flüssigkeit reduzieren. Den Sternanis hinzufügen und 1–2 Minuten ziehen lassen. Die Sauce mit der Butter und 1 Esslöffel Olivenöl aufschlagen. Salzen und pfeffern und im Wasserbad warm halten.

Das Gemüse

Fenchel waschen und vierteln. Die Blätter der Artischocken entfernen, den Boden mit 5 cm des Stiels aufheben und mit Zitronensaft beträufeln. Die Artischocken halbieren. Die kleinen Zucchini waschen und grob würfeln. Mit dem Dinkel und 300 ml kochendem Wasser in einen Topf geben, salzen. Die Geflügelbouillon, den Kreuzkümmel und das Tomatenmark sowie die geschälten, fein gehackten Knoblauchzehen hinzugeben. 20 Minuten auf kleiner Flamme garen.

Der jeweiligen Garzeit entsprechend nach und nach die Zucchini, den Fenchel und die Artischocken herausnehmen und beiseite stellen. Den Dinkel bis zum Ende im Topf belassen und die gehackten Salbeiblätter, 1 Esslöffel Olivenöl, den frisch geriebenen Parmesan und die Butter hinzugeben. Mit einem Holzlöffel behutsam zu einer cremigen Masse verrühren.

Den Ofen auf 180 °C vorheizen. Die Aubergine waschen und vierteln. Mit der Hautseite nach unten in eine Auflaufform legen und mit 1 Esslöffel Olivenöl und je einer Prise Salz und Pfeffer bestreuen. 20 Minuten im Ofen garen.

Servieren

Die Wachtelfilets auf den Tellern anrichten, mit Gemüse und Dinkel umgeben, mit Sauce nappieren und mit einigen Salbeiblättern dekorieren.

Tipp des Küchenchefs

Dinkel, ein sehr altes Getreide, ist robuster als Weizen und war früher im Nordosten des Vaucluse, im Südwesten von Alpes-de-Haute-Provence und in einigen Gebieten der Drôme und der Hautes-Alpes weit verbreitet. Aus dem nährstoffreichen Dinkelmehl wurde vielfach Brot gebacken. Mit Gemüse gekocht oder als Beilage schmeckt Dinkel einfach köstlich.

Jacques Chibois empfiehlt

Vom richtigen Garen des Gemüses

Wenn man Gemüse möglichst schonend zubereiten will und seine Wesensart und Farbe erhalten bleiben soll, empfiehlt sich das Garen in einer großen Menge kochenden Salzwassers. Man nimmt 20 g Salz pro Liter Wasser; so werden die Gemüse durchdrungen, die Mineralsalze nicht aufgelöst, und die Temperatur steigt rasch an.

Man lässt die Gemüse ohne Deckel kochen, so kann die Kohlensäure entweichen. Im geschlossenen Topf nehmen die Gemüse eine andere Farbe an – aus diesem Grund kommt das Garen von Gemüse im Schnellkochtopf einem wahren Verbrechen gleich. Für zahlreiche Lebensmittel eignet sich das Dampfgaren, nicht jedoch für Gemüse! Genau genommen ist Dampf ja Wasser in Bewegung, das die Gemüse auslaugt und ihren Gehalt an Chlorophyll und Nährwerten reduziert.

Wenn die Gemüse dem jeweiligen Geschmack entsprechend im Salzwasser gegart sind, werden sie unverzüglich vom Herd genommen, in ein Sieb gegeben und eine Sekunde lang in eisgekühltes Wasser getaucht. Die Kälte beendet den Garvorgang auf der Stelle. Aufgrund des Temperaturschocks reicht ein kurzer Augenblick aus, um die grünen Gemüse noch grüner oder Möhren noch kräftiger orange werden zu lassen. Sie dürfen jedoch keinesfalls länger im kalten Wasser bleiben, da sich sonst die Mineralsalze verlieren. Auf diese Weise gegartes oder auch nur kurz blanchiertes Gemüse schmeckt hervorragend, kann aber auch nach Belieben weiterverarbeitet werden.

Der provenzalische Garten

»… der Garten – Paradies
der herrlichen Vielfalt der Dinge
und der Empfindungen,
die sie uns schenken,
und der wunderbaren Möglichkeiten,
die sie uns bieten, und der Sitten
und der Lebenskunst …«

Francis Ponge

Die Rosen aus Grasse

Seit Jahrhunderten bewundern die Besucher von Grasse die Blumenkulturen, die auf den Terrassen, die die Stadt umgeben, prächtig gediehen. Im Jahr 1778 erwähnte der Abbé Papon das »köstliche Parfüm« der »Orangen-, Zitronen- und Zitronatzitronenbäume, das sich mit dem Jasmin aus Spanien vermischt«. Stendhal ließ sich 1838 von den »Rosenfeldern« betören. Bis heute liefern diese Anbauflächen den Parfümeuren jenen Stoff, mit dem sie die weltweit berühmtesten Düfte kreieren. Das legendäre *Joy* von Patou zum Beispiel war eine Mischung von Rosen- und Jasminessenzen. In *Perfume from Provence* (1935) beschreibt die *very british* Lady Fortescue ihren Rosengarten in Grasse, lavendelumsäumt und in unmittelbarer Nachbarschaft von Orangenbäumen und Jasminsträuchern. Ein englischer Rosenzüchter hatte ihr bereits angekündigt, dass die Wuchsfreude und der Duft der Rosen an der Côte d'Azur alles bei weitem übertreffen würde, was man in England erwarten konnte: »Hier«, sagte er mit Bedauern, »fehlt es uns einfach an Sonne …«

Oben:
Die 'Rose de Mai' ist eine Hybride, die im Süden wunderbar gedeiht.

Die Rose der Parfümeure in Grasse trägt den reizvollen Namen 'Rose de Mai'. Sie ist eine Hybride der *Rosa gallica* 'Officinalis' ('Apotheker-Rose', 'Rose de Provins') und der *Rosa centifolia*. Die nahezu unbewehrte Sorte, deren Blütenblätter heute gepflückt werden, soll der Rosenzüchter Nabonnand 1895 eingeführt haben. Ihm verdanken wir auch mindestens eine der zwei Rosen, die an die alten Gärten der Côte d'Azur erinnern: die in warmen Gegenden durchaus strauchhoch wachsende 'Général Schablikine' und die kletternde 'La Follette', die gern in alte Olivenbäume rankt. Die 'Rose de Mai' bringt im Allgemeinen rosafarbene Blüten hervor und besitzt eine stark gefüllte Form mit bis zu hundert Blütenblättern.

Seit Jahrhunderten stammen die Rosen aus kleinen Familienbetrieben, die die Blütenblätter vor Sonnenaufgang pflücken lassen. Die Lebensdauer einer Rosenpflanzung beträgt etwa zehn Jahre, der volle Ertrag

8 SUR LA CÔTE D'AZUR. — *La Cueillette des Roses.* — LL.

*Oben:
Das Pflücken der Rosenblütenblätter geschieht immer vor Sonnenaufgang.*

wird ab dem vierten bis fünften Jahr nach der Pflanzung erzielt. Eine gute Pflückerin erntet fünf bis acht Kilogramm Blütenblätter pro Stunde – neunhundert Kilogramm werden benötigt, um ein Kilogramm Essenz zu gewinnen. Zu Beginn des 18. Jahrhunderts wurden die Düfte durch Mazeration oder Destillierung gewonnen. Dies geschah gleich auf dem Feld mithilfe von mobilen Destillierkolben, die auf Karren montiert waren. Dort wurden die Blütenblätter, die im Dampf ihr Aroma abgeben sollten, direkt über der Flamme erhitzt, sodass sie häufig genug verbrannten. Einige Bestandteile des Blütenduftes widerstanden der Dampfbehandlung, andere veränderten sich unter dem Einfluss der Hitze, und wieder andere lösten sich auf und waren verloren. Es musste also eine präzisere Technik gefunden werden.

So entwickelte man die so genannte *enfleurage*, die auch das Freisetzen der zartesten Düfte ermöglichte: Die Blütenblätter wurden hierzu auf feinen Schichten gereinigtem Fett ausgebreitet, das wiederum auf mit Leinwand bespannte Rahmen gestrichen war. Diese wurden dann in einem geschlossenen Raum übereinander gestapelt. Die *enfleurage* konnte sowohl warm als auch kalt oder mit Öl durchgeführt werden. Sie dauerte zehn bis zwölf Wochen, wobei die Blütenblätter etwa fünfzig Mal ausgetauscht wurden. Dieses Verfahren ließ sich ausschließlich in einer Fabrik durchführen, denn die Verarbeitung von einer Tonne Blütenblätter erforderte fünf oder sechs Arbeiter, die etwa 800 Rahmen bestückten. Bei den größten Erzeugern wurden ab 1845 mehr als 200 Tonnen Blüten jährlich verarbeitet, im Jahre 1912 waren es bereits über 3.000 Tonnen. So wurde die Produktion der Essenzen dank der *enfleurage* innerhalb von hundert Jahren halb industrialisiert, was sich auch auf das gesamte Stadtbild von Grasse auswirkte. Das Verfahren wird noch heute bei einigen Parfümeuren demonstriert, etwa bei Fragonard, Galimard oder Molinard. Der Erfolg der Parfümeure aus Grasse bewirkte, dass sich in der Folge auch Industrien ansiedelten, die Parfümflaschen, Etiketten und Ähnliches herstellten.

Im 19. Jahrhundert entwickelte sich die Technologie derart schnell, insbesondere aufgrund der Verwendung von Lösungsmitteln, dass die Gewinnung der Essenzen schon bald von immer komplizierter werdenden chemischen Prozessen beherrscht wurde. Grasse hat sich jedoch bis heute eine Handwerkskunst bewahrt, die wegen ihrer einzigartigen Qualität hoch geschätzt wird.

In der Kochkunst sind Rosen seit der Antike vertreten, wie einige Rezepte von Apicius belegen. Dem Rosenwasser kam auch in der Küche der Päpste zu Avignon im 14. Jahrhundert eine bedeutende Rolle zu. Nostradamus ersann, neben der Verwendung von Veilchen und Borretsch, auch eine Konfitüre auf der Basis von Blütenblättern der Rosen aus Provins oder Damas. Jacques Chibois verwendet Rosenwasser, das beim Destillieren entsteht, in seinen Saucen, außerdem einen aus dem Libanon eingeführten Rosensirup für seine *pâtisseries*, wie dies im Übrigen in zahlreichen arabischen Ländern geschieht. Rosenblütenblätter dienen darüber hinaus als Verzierung oder selbst als Hauptbestandteil in Salaten. Jacques Chibois schätzt ihren leicht säuerlichen Geschmack – sie erinnern entfernt an Chicorée –, der auch einer Sauce eine besondere Note verleihen kann. Farblich empfiehlt er die Verwendung von Pastelltönen, da diese sich besser in die Gesamtkomposition des Gerichts einfügen. Beim Kochen mit Rosen verbinden sich, gemäß der alten mediterranen Tradition, Duft, Gaumenfreude und Augenweide.

Rechts:
Mit Zucker kristallisierte Rosenblütenblätter, die auf der Zunge zergehen.

Rosenblütenblätter
mit Walderdbeeren und Pistazien

Zutaten für 4 Personen:

Für das Pistazienbiskuit:
3 Eiweiße
90 g Zucker
90 g Puderzucker
60 g gemahlene Mandeln
30 g gemahlene Pistazien

Für die Rosensauce:
200 ml Mineralwasser
100 g Zucker
1/2 TL Maizena (Maisstärke)
50 ml Rosenwasser

Für die Mascarpone-Creme:
100 ml Sahne
2 Eigelbe
30 g Zucker
100 g Mascarpone

Für die kristallisierten Rosenblütenblätter:
1 Eiweiß
30 unbehandelte Rosenblütenblätter
30 g Zucker

Zum Servieren:
1 Schälchen Walderdbeeren
1 EL zerstoßene Pistazien
Einige unbehandelte Rosenblütenblätter

Das Pistazienbiskuit
Die Eiweiße mit dem Zucker steif schlagen. Den Puderzucker, die gemahlenen Mandeln und die gemahlenen Pistazien zusammen sieben, um die Klümpchen zu entfernen. Den Eischnee unterheben. Metallene Backringe mit 12 cm Durchmesser auf einem mit Backpapier ausgelegten Backblech verteilen und etwa 1 cm hoch mit Teig füllen, sodass kleine Scheiben entstehen. Etwa 10 Minuten backen.

Die Rosensauce
Das Mineralwasser mit dem Zucker zum Kochen bringen. Maizena in dem Rosenwasser auflösen, in den Sirup gießen und unter ständigem Rühren zum Kochen bringen. Die Sauce bis zum Servieren im Kühlschrank aufbewahren.

Die Mascarpone-Creme
Die Sahne steif schlagen. Die Eigelbe 5 Minuten mit dem Zucker verschlagen, bis eine schaumige Creme entsteht. Den Mascarpone in einer Schüssel verrühren, dann zunächst vorsichtig die cremige Eimasse, anschließend die Sahne unterziehen. Eine Stunde im Kühlschrank ruhen lassen.

Die kristallisierten Rosenblütenblätter

Das Eiweiß leicht schlagen und die Rosenblütenblätter hineintauchen. Nach und nach mit Zucker bestreuen, den überschüssigen Zucker vorsichtig abschütteln, auf Pergamentpapier legen und trocknen lassen.

Servieren

Auf jeden Teller eine Teigscheibe legen und satt mit Mascarpone-Creme bestreichen, dabei einen Rand von 5 mm frei lassen. Die Walderdbeeren kronenförmig um die Creme anordnen, einige kristallisierte Rosenblütenblätter vorsichtig in Blütenform in die Creme stecken und mit den zerstoßenen Pistazien dekorieren. Das Biskuit mit etwas Rosensauce umfließen und dekorativ einige Rosenblütenblätter darüber streuen.

Tipp des Küchenchefs

Es versteht sich von selbst, dass hier nach Möglichkeit Rosen aus dem eigenen Garten – angenehm duftend und unbehandelt – verwendet werden.

Jacques Chibois empfiehlt

Von der Verwendung von Blüten in der Küche

Ich habe meinen Spaß mit Blüten, sie bieten Zerstreuung und verleihen den Speisen eine fröhliche und optisch ansprechende Note, außerdem heben sie den Geschmack. Zahlreiche Blüten sind essbar und ihre Verwendung in der Küche ist keineswegs neu, genau genommen wurden sie schon immer auch kulinarisch genutzt. Natürlich muss man, wie bei Pilzen, wissen, was man tut, und vorher prüfen, ob die Blüten, die man in der Küche verwenden will, nicht giftig sind. Da die Auswahl jedoch sehr groß ist (Ringelblumen, Borretsch etc.), lassen sich mit Sicherheit die passenden Blüten für Ihre Gerichte finden.

Manche Blüten verleihen einem Gericht Geschmack, andere verbessern es optisch, wieder andere geben ihm ihren angenehmen Duft. Ich verwende häufig Rosen, Rosmarinblüten, Jasmin … Der Geschmack von Blüten ist stets sehr fein. Tatsächlich besitzt ein Stängel oder ein Zweig Rosmarin eine Intensität und Kraft, die die viel zarteren Blüten nicht aufweisen. Sie können kurz vor dem Servieren über einen Salat oder zu einer Sauce gegeben werden und machen sich auf äußerst angenehme Weise bemerkbar, sowohl visuell als auch geschmacklich, denn ihr Aroma ist wesentlich zurückhaltender und weniger aggressiv als jenes der Blättchen. Da Blüten jedoch zahlreiche sich verflüchtigende Essenzen enthalten, werden sie dem Gericht erst ganz zum Schluss beigegeben, das dann unverzüglich serviert werden sollte.

Die Prieuré de Salagon

Oben:
Die Fasel-Bohne (Lablab purpureus) ist in Europa seit der Antike bekannt.

Rechts:
In Salagon wird der Erhalt der weltweiten Artenvielfalt ebenso groß geschrieben wie das Bemühen um die heimischen Sorten.

Das Kloster *Prieuré de Salagon* erhebt sich nur wenig außerhalb des kleinen Ortes Mane, einige Kilometer von Forcalquier entfernt in den Alpen der Haute Provence. Die von Bergen umschlossene Ebene, die bereits zur Zeit der Römer landwirtschaftlich genutzt wurde, war schon in der Spätantike christianisiert. Noch heute befinden sich dort Überreste eines christlichen Friedhofes und einer Basilika aus dem 5. bis 7. Jahrhundert. Das heutige Benediktinerkloster mit seinem wunderschönen Portal stammt aus dem 12. Jahrhundert. Im 16. Jahrhundert wurde es um ein Wohngebäude erweitert, in späteren Jahrhunderten folgten einige Nebengebäude.

Seit 1981 ist in dem Gebäudekomplex das »Musée-Conservatoire Ethnologique de Haute Provence« (Volkskundemuseum der Haute Provence) untergebracht. Nachdem das Museum mehrere Jahre von dem Verband »Alpes de Lumière« geführt wurde, gehört es seit dem Jahr 2000 dem »Conseil Général des Départements Alpes-de-Haute-Provence«, der dort unterschiedliche Aktivitäten und Veranstaltungen anbietet: wissenschaftliche Forschung, Ausstellungen, eine öffentliche Bibliothek, Kolloquien, Workshops, aber auch Veranstaltungen für Kinder und jahreszeitliche Festlichkeiten.

Von jeher steht dieser Ort den Menschen offen und ist ein wahrhafter Dreh- und Angelpunkt in Zeit und Raum geworden. Nirgends kommt dies deutlicher zum Ausdruck als in den vier Gärten, die um das Kloster herum, jeder in einer anderen Himmelsrichtung, angelegt wurden.

Im Jahr 1985 wurde im Süden der erste Garten, *Le jardin de simples*, der Garten der Nutzpflanzen, angelegt. Er beruht auf den Forschungen zur Flora der Region des Botanikers Pierre Lieutaghi, der den Garten bis heute wissenschaftlich betreut. Neben einem sehr alten Birnbaum ließ er verschiedene Nutzpflanzen setzen, die in den bewohnten Gebieten der Haute Provence vorkommen.

Im Norden wurde eine Anlage im Schachbrettmuster ergänzt, die dem Geist der Klostergärten verpflichtet ist: *Le jardin médiéval*, der mittelalterliche Garten. Michel Racine und Alain Richert legten die Grundform des Gartens fest, Pierre Lieutaghi und Dorothy Dore betreuten die botanischen und wissenschaftlichen Aspekte der Anlage, während die Baumschule Gairaut, die auf den Erhalt alter Kultivaren spezialisiert ist, die Pflanzung selbst übernahm. Der eingefriedete Garten, in dem der alte Brunnen, ein Walnussbaum und manche Sträucher erhalten geblieben sind, wird von einer Mittelachse, die zu einer Fontäne führt, in jeweils zwei unregelmäßig geformte Abschnitte geteilt. Diese sind vier verschiedenen Pflanzentypen gewidmet: essbare Pflanzen, Heilpflanzen, Blütenpflanzen und jene Pflanzen, denen eine magische Bedeutung zugeschrieben wird. Dieser Garten, der nicht den Anspruch erhebt, eine historische Rekonstruktion zu sein, bietet eine schöne Präsentation der Pflanzen, die im Mittelalter kultiviert wurden. Einige unter ihnen sind inzwischen in dieser Gegend selten geworden, etwa Schwarzkohl, Kümmel oder Acerola. Andere Pflanzen werden heute wieder geschätzt: Portulak, Borretsch und Rauke.

Der dritte Garten, *Le jardin des senteurs*, ist im Osten angelegt und aus einer Ausstellung hervorgegangen. Es handelt sich um einen großen Duftgarten, der den Besucher mit herrlichen Noten von Minze-, Lavendel- und Salbeiarten, von Beifuß und zahlreichen Doldenblütlern verführt.

Seit 1998 existiert im Westen ein viertes Projekt: *Le jardin des temps modernes*, der Garten der Moderne. Der philosophische Ansatz für diesen Garten stammt wiederum von Pierre Lieutaghi, die Planung der umfassenden Anlage besorgte das Pariser Büro Bruel-Delmar, die Ausführung wurde vom Conseil Général selbst betreut. Die Anlage nimmt die großen Linien der Westfassade des Klosters auf wie auch jene der umgebenden Landschaft und der landwirtschaftlichen Flächen. Sie ist im großen Rahmen entworfen, offen und von allen Seiten einsehbar. Im Nordwesten sind Pflanzungen nach ökologischen Themen gruppiert, darunter eine repräsentative Auswahl der typischen Vegetation der Haute Provence. In der Mitte der Anlage ist der Besucher zu einer Weltreise eingeladen, bei der er die Nutzpflanzen moderner Zeiten kennen lernt. Pflanzen, die der Zivilisation dienen und die Entdeckung neuer Techniken ermöglicht haben. Pflanzen, die der Nahrung dienen, einschließlich der Heilpflanzen. Schließlich Pflanzen, denen im Laufe der Jahrhunderte eine symbolische oder magische Bedeutung zugeschrieben wurde. Sie sind auf drei lange Beete verteilt, die Europa, Asien und Afrika sowie Amerika symbolisieren und jeweils entlang eines Wasserlaufs angelegt sind, der zu einer Pergola führt. Hier wachsen beispielsweise all jene Pflanzen, die zur Zeit der Renaissance aus Amerika eingeführt wurden, wie Tomaten und Kartoffeln. In Salagon ist die durchschnittliche Wintertemperatur, die bis -7 °C, manchmal bis -12 °C gehen kann, etwas kühl. So finden sich in den Gärten neben einjährigen Pflanzen lediglich wirklich widerstandsfähige Sorten.

Die verschiedenen Gärten von Salagon verbinden, jeder mit seinem eigenen Charakter, das Ideal der mittelalterlichen *harmonia mundi* mit einem internationalen Projekt des Austausches, das ganz dem Geist des 21. Jahrhunderts verpflichtet ist.

Oben:
Samenstand der Fallopia japonica, *einer Pflanze, die im 19. Jahrhundert eingeführt wurde und seitdem im Mittelmeerraum zu finden ist.*

Rechts:
Le jardin des temps modernes, *Der Garten der Moderne.*

Gebratene Kalbsleber

mit Buchweizen und roten Linsen

Zutaten für 4 Personen:

Für die Kalbsleber:
4 Scheiben Kalbsleber von 1,5 cm Dicke, in regelmäßige Rechtecke geschnitten
1 EL Jerez-Sherry-Essig

Für den Buchweizen:
150 g Buchweizen
2 EL Olivenöl
10 g Butter
Salz und Pfeffer

Für die Sauce:
30 g gegarte Rote Bete
1 Prise gekörnte Qualitäts-Geflügelbouillon
100 g rote Linsen
12 Blätter frisches Eisenkraut
10 g Butter
1 EL Olivenöl
Einige Tropfen Zitronensaft
1 EL Pinienkerne
5 Korianderblätter
5 Melissenblätter
Salz und Pfeffer

Zum Servieren:
Einige Blättchen Melisse oder Eisenkraut
Pfeffer aus der Mühle

Die Kalbsleber

Die Kalbsleber zügig in einer beschichteten Pfanne braten. Wenn sie eine schöne Farbe angenommen hat, mit Sherry-Essig ablöschen. Die Kalbsleber herausnehmen und in Alufolie auf dem Ofenrost ruhen lassen.

Der Buchweizen

Den Ofen auf 170 °C vorheizen.
Das Olivenöl in einer ofenfesten Form erhitzen und den Buchweizen darin anbräunen. Wenn die Körner einen satten Goldton angenommen haben, mit 300 ml Wasser ablöschen, salzen und pfeffern. Bei schwacher Hitze zugedeckt etwa 10 Minuten kochen. In den Ofen geben und noch etwa 30 Minuten quellen lassen, bis die Flüssigkeit völlig verdampft ist. Die Form herausnehmen, mit Butterflöckchen bestreuen und den Buchweizen mit einer Gabel auflockern.

Die Sauce

Die Rote Bete klein würfeln und mit der in 150 ml Wasser gelösten Geflügelbouillon in einem Topf zum Kochen bringen. Die roten Linsen hinzugeben, salzen und pfeffern und 10 Minuten garen. Die Linsen herausschöpfen und abtropfen lassen, die Kochflüssigkeit bleibt im Topf. Die Eisenkrautblätter 3 Minuten in der Sauce ziehen lassen. Die Sauce durchseihen und 2 Minuten auf kleiner Flamme reduzieren. Butter, Zitronensaft und Olivenöl hinzugeben. Die Linsen, zusammen mit den Pinienkernen, wieder zur Sauce geben. Kurz vor dem Servieren die fein gehackten Melisse- und Korianderblätter hineingeben.

Servieren

Einen Esslöffel Buchweizen auf jeden Teller geben, dazu eine Scheibe Kalbsleber. Darüber eine Mischung aus Kräutersauce und Linsen anrichten und mit frischem Pfeffer aus der Mühle würzen. Mit Melissen- oder Eisenkrautblättern dekorieren.

Tipp des Küchenchefs

Ich wähle vorzugsweise eher hellere und eher kleinere Kalbsleberscheiben. Sie werden rasch in der Pfanne angebraten und ruhen dann im Ofen, sodass die Wärme nach und nach bis zur Mitte des Fleisches vordringt. Vor allem wird die Leber nicht vor dem Braten mit Mehl bestäubt.

Jacques Chibois empfiehlt

Von Kräutern in Saucen

Hier möchte ich vorwegschicken, dass es sich bei dieser Art der Verfeinerung von Saucen um einen Vorgang des Ziehenlassens und nicht um ein Mitkochen handelt. Im Gegensatz zum traditionellen Kräutertee, bei dem die Pflanze in kochendem Wasser zieht, ist der Vorgang bei einer Sauce konzentrierter und intensiver: Die Pflanze zieht unmittelbar in der Sauce, ohne Zusatz von kochendem Wasser. Diverse Pflanzen und Kräuter bieten sich hier an – Fenchel, Zitronengras, Rosmarin, Thymian –, die allesamt den Geschmack einer Sauce auf angenehme Weise zu heben vermögen.

Bei einer Sauce mit Zitronengras wird dieses püriert, sodass die Blattzellen zerstoßen werden. Unmittelbar danach wird es der bereits vorbereiteten Saucengrundlage beigegeben, und man lässt es darin ziehen. Ebenso kann die Sauce über das fein pürierte Zitronengras gegeben und nach einiger Zeit des Ziehens durch ein Sieb gestrichen werden.

Bei einer Sauce mit Rosmarin werden die Blättchen gehackt, bevor sie der Sauce beigegeben werden. Dann wird die Sauce nur leicht erhitzt und unverzüglich vom Herd genommen, da sie den Geschmack sehr schnell annimmt. Der Vorgang sollte möglichst nur eine knappe Minute dauern, damit die Sauce ein sehr angenehmes, frisch-würziges Aroma erhält. Der Rosmarin hat hinreichend gezogen, wenn er noch frisch schmeckt. Diese Frische sollte unbedingt erhalten bleiben, denn wenn die Sauce erst kocht, verliert der Rosmarin sein Aroma und schmeckt unangenehm nach Heu.

Die Gärten von Saint-Antoine

Die Bastide Saint-Antoine gehört zu jenen Landgütern in Grasse, die im 18. Jahrhundert im unteren Teil der Altstadt errichtet wurden, in einer Zeit, als sich die Parfümindustrie in vollem Aufschwung befand. Das Haus blickt über sechs Hektar ausgedehnte Terrassenanlagen, auf denen Hunderte alter Olivenbäume mit massiven Stämmen und knorrigem Wurzelwerk thronen. Als Jacques Chibois die Bastide im Jahr 1994 erwarb, musste alles wieder instand gesetzt werden. Doch ist der Garten als Ganzes in jenem Zustand erhalten geblieben, wie er Ende des 19. Jahrhunderts war, als das Anwesen einem legendären Gärtner der Côte d'Azur, einem gewissen John Taylor, gehörte.

Oben:
Einer der Hunderte von Ölbäumen im Garten der Bastide Saint-Antoine.

Nachdem sich Lord Brougham 1834 in Cannes niedergelassen hatte, ließen zahlreiche Engländer Villen auf den umliegenden Hügeln errichten. Prosper Mérimée hat diese »Pappschlösser, die auf schönen Bergen aufgestellt« worden waren, heftigst kritisiert und sie mit »Papierblumen inmitten eines Beetes« verglichen. Guy de Maupassant betrachtete sie als Eier von Riesenvögeln, die mitten im Grünen gelegt wurden. Die Architektur der damaligen Zeit besaß eine Vorliebe für das Exotische, für neogotische, maurische oder italienische Elemente. Unter den Siedlern befand sich auch ein Pastor Thomas Woolfield, der den Eukalyptus (*E. globulus*) und die Mimose (*Acacia dealbata*) aus Australien wie auch die Süßkartoffel aus Jamaika eingeführt haben soll. Seine Krocket-Rasenflächen wurden sogar von Königin Victoria geschätzt. Nachdem er sich in der Gegend niedergelassen hatte, begann Woolfield, seinen Freunden Grundstücke mit bereits angelegten Gärten zu verkaufen, auf denen nur noch die Villen erbaut werden mussten.

Dieser zum Immobilienmakler gewandelte Pastor stellte wiederum John Taylor ein, einen 22-jährigen frisch gebackenen Gärtner aus Nordengland. Auch er wurde schon rasch zum Berater jener neuen Elite auf Immobilienjagd. So kam es zur Gründung einer Agentur, die bis heute zu den angesehensten der Riviera zählt.

*Oben:
Die Mauern der Bastide sind mit Bougainvillea und der roten Trompetenwinde begrünt.*

Doch unter allen schönen Anwesen, die durch seine Hände gegangen sind, galt Taylors persönliche Vorliebe einem Gut, das sich grundlegend von all jenen weißen Scheusalen auf den Hügeln Cannes' unterschied: Es war das elegante Anwesen der Bastide Saint-Antoine.

Taylor erwies sich als wahres Multitalent: Er gründete eine Bank, um seinen Kunden Kredite für den Hausbau anbieten zu können, wurde Weinhändler und Herausgeber einer englischsprachigen Zeitung, mit der die besten Hotels an der Côte dreimal täglich beliefert wurden und die die Briten mit dem letzten Klatsch und Tratsch wie auch mit dem Wetterbericht versorgte. In Cannes richtete er neben seinen Büros einen Lesesaal ein. Schließlich war er jahrzehntelang britischer Konsul und funktionierte seine Bastide zu seinem konsularen Wohnsitz um.

Zweifelsohne war es Taylor, der als Erster die Fassade mit Kletterpflanzen begrünte, schließlich war dies eher in England als in der Provence üblich, doch sollte sein Beispiel auch im Süden schon rasch Schule machen. Bis zum heutigen Tag stellt eine Bougainvillea ihre

»blühende Lava« – so die Worte Colettes – fast ganzjährig zur Schau. Ihr zur Seite gedeiht eine weniger bekannte Pflanze, eine prachtvolle rote Trompetenwinde (*Tecomaria capensis*). Die Tatsache, dass diese frostempfindliche Pflanze hier jahrzehntelang überlebt hat, zeigt, dass das Klima um die Bastide herum besonders mild ist. Zwischen Taylor und Jacques Chibois hat es lediglich einen einzigen weiteren Besitzer gegeben. Dieser hat unterhalb des Hauses ein unauffälliges Schwimmbad bauen lassen, das einen schönen Blick bietet und doch hinter Hecken gut geschützt liegt. Ihm gegenüber lädt heute eine kleine schattige Terrasse mit einigen Tischen zum Aperitif unter Kamelien ein.

Die Gärten der Bastide haben den charakteristischen Grundriss der alten Güter um Grasse bewahrt, deren breite Wege gemächlich zwischen den Olivenbäumen hindurchführen. Ein Teil der landwirtschaftlichen Gebäude ist bis heute erhalten geblieben: die alte Zisterne, die Anzuchtbeete für den Winter, ein kleines Gewächshaus. In den alten Gärten der Provence wurde schon immer das Nützliche mit dem Schönen verbunden. So finden sich in den Olivenhainen immer wieder riesige Zypressen und großflächige Agapanthus-Pflanzungen, während sich der alte Brunnen mit Girlanden aus purpurroten Passionsblumen schmückt. Hier erfreut sich das Auge an einem Teppich aus Bergenien, dort an der Kletterrose 'La Follette', die sich einen Olivenbaum als Rankhilfe erkoren hat; endlose Oleanderhecken säumen die Wege.

Einige Köche richten für ihre Gäste wahre Prachtgärten her. Jacques Chibois, der Bauernsohn aus dem Limousin, schätzt sich ganz einfach glücklich, ein Stück ursprüngliches Landleben an der Côte d'Azur zu besitzen, das bis heute äußerst lebendig geblieben ist. Dieser überaus aufgeschlossene Küchenchef spielt sogar mit dem Gedanken, den landwirtschaftlichen Teil seines Gutes zu vergrößern: Er würde gern mehr Zitrusfrüchte ziehen, das alte Gewächshaus wieder instand setzen, den Gemüsegarten ausbauen, verschiedene Tafelweinreben anbauen.

Bei seinen Plänen wird er von einem wahren Experten und guten Freund beraten, Jean Mus. Der berühmte Landschaftsgärtner bewundert an dem Garten der Bastide Saint-Antoine vor allem dessen Schlichtheit. »Schlichtheit« ist ein Wort, das Jacques Chibois häufig zur Charakterisierung des Ideals seiner Kochkunst verwendet. Die »sinnliche Kargheit, aus der wahre Eleganz hervorgeht«, sagt ihm vollkommen zu – auf dem Teller wie auf seinen Terrassen. Der Garten der Bastide ist somit eindeutig – wie könnte es anders sein – ein Spiegelbild seines Besitzers.

Rotbarben
mit Mimosenblüten

Zutaten für 4 Personen:

Für das Gemüse:
300 g Zuckerschoten
Salz und Pfeffer

Für die Sauce:
Einige Spritzer Zitronensaft
15 g Butter
1 Prise weißes Kardamompulver
1 Prise Ingwerpulver
Einige unbehandelte Mimosenblüten

Für die Rotbarben:
4 Rotbarbenfilets à 300 g
1 EL Olivenöl
Salz und Pfeffer
Saft einer halben Zitrone

Zum Servieren:
10 g Schale einer unbehandelten Zitrone, in Streifen geschnitten

Das Gemüse
Die Zuckerschoten in einem großen Topf mit kochendem Salzwasser garen (20 g Salz für 1 l Wasser). Kurz in kaltes Wasser tauchen und abtropfen lassen. Etwa 12 Zuckerschoten zum Dekorieren beiseite legen, den Rest fein hacken und in einem Topf mit etwas Wasser, Salz und Pfeffer erhitzen.

Die Sauce
100 ml Wasser, die Butter, den Zitronensaft, das Kardamom- und das Ingwerpulver und die Mimosenblüten (etwa 12 zum Dekorieren beiseite legen) in einen kleinen Topf geben. Rasch zum Kochen bringen, vom Feuer nehmen und die Sauce durch ein Haarsieb streichen.

Die Rotbarben
Kurz vor dem Servieren das Olivenöl in einer beschichteten Pfanne erhitzen, die gewürzten Rotbarbenfilets darin 2 Minuten von beiden Seiten anbraten, die Seite mit Haut zuerst. Gegen Ende der Garzeit Zitronensaft in der Pfanne angießen.

Servieren
Die gehackten Zuckerschoten mit etwas Sauce in die Mitte der Teller geben, die Rotbarben darüber legen und mit Sauce nappieren. Mit feinen Zitronenschalenstreifen, Mimosenblüten und ganzen Zuckerschoten dekorieren.

Tipp des Küchenchefs
Die Rotbarben zügig anbraten und dann beiseite stellen, um den Garvorgang auf sanfte Weise zu Ende zu führen. Werden sie zu lange gegart, so werden sie trocken und büßen an Geschmack ein. Vor dem Garen werden die Gräten an den Seiten der Filets mit einer Pinzette entfernt.

Lauwarme Lauchstreifen
mit Trüffeln

Zutaten für 4 Personen:

6 Lauchstangen
50 g schwarze Trüffeln
Einige Spritzer Zitronensaft
Olivenöl
Salz und Pfeffer

Zum Servieren:
40 g Portulak

Die Lauchstreifen

Die Enden der Lauchstangen abtrennen, sodass eine Stange von etwa 15 cm übrig bleibt. Diese der Länge nach halbieren. In einzelne Streifen teilen und sorgfältig waschen.
Die Lauchstreifen 5 Minuten in kochendem Salzwasser garen (20 g Salz für 1 l Wasser). In einem Sieb abgießen, kurz in kaltes Wasser tauchen und abtropfen lassen. Bei Zimmertemperatur beiseite stellen, sodass sie leicht lauwarm bleiben.

Die Trüffelvinaigrette

Die Trüffeln unter fließendem Wasser abbürsten, mit einem Sparschäler schälen. Zitronensaft, Olivenöl, Salz und Pfeffer mit den Trüffelsplittern vermischen.

Servieren

Die Lauchstreifen mit einem Teil der Trüffelvinaigrette würzen und halbkreisförmig auf den Tellern anrichten. Die gewaschenen, geschleuderten Portulakblättchen und in feine Scheiben geschnittene Trüffeln darüber verteilen. Dekorativ mit etwas Trüffelvinaigrette nappieren.

Tipp des Küchenchefs

Für dieses Rezept eignen sich am besten junge und eher kleine Lauchstangen, da diese am zartesten sind.

Jacques Chibois besucht die Gärten von Val Joanis

Oben: Gartenarbeit vor etwa hundert Jahren.

Rechts: Vom Nutzgarten mit seltenen Gemüsesorten schweift der Blick auf die Wälder hinter Val Joanis.

Die Gärten des Anwesens Val Joanis im Süden des Lubéron liegen oberhalb von endlosen Weinbergen und Olivenhainen. Auf der höchstgelegenen der drei großen Terrassen fügen sich im Gemüsegarten Blumen und Gemüse zu engen Reihen. In der Nähe des Eingangs finden sich quadratische Parzellen mit klassischen Heilpflanzen und aromatischen Kräutern, die zwischen Apfelspalieren gedeihen. Etwas weiter steht Mangold mit roten, gelben und orangefarbenen Stielen neben Salatpflanzen mit kupferfarbenen, goldenen oder sattgrünen Blättern. Die unterschiedlichsten Tomatensorten an Bambusstöcken heben sich von einer Reihe Mahonien ab, deren Laub je nach Jahreszeit eine andere Färbung annimmt. Ein herrlicher alter Laubengang, der von einem benachbarten *château* stammt, begrenzt die drei Terrassen im Osten und ist von den duftenden Kletterrosen *Rosa banksiae,* 'Bobbie James', 'Kiftsgate' und von 'Madame Isaac Pereire' begrünt.

Val Joanis ist nach seinem Besitzer im 17. Jahrhundert, Jean de Joanis, benannt, der Sekretär Ludwigs III., König von Neapel, war. Seit 1977 ist die Familie Chancel um die Instandsetzung der Anlage bemüht. Von den Flächen, die bereits von den Römern bewirtschaftet wurden, ließ Jean-Louis Chancel etwa 180 Hektar mit Weinreben bestücken. Mit der Hilfe des Landschaftsgärtners Tobie Loup de Viane hat Cécile Chancel einen Gemüsegarten geschaffen, der vor dem Mistral geschützt und an Vorbildern des 18. Jahrhunderts orientiert ist – seine Schönheit wie auch seine Ergiebigkeit sind gleichermaßen beeindruckend. Seit einigen Jahren ist er mit den Rebflächen durch eine lange Reihe Olivenbäume und Zypressen verbunden, die sich bis zum gegenüberliegenden Hügel erstrecken. Diese hochelegante Linie in der Landschaft geht auf einen Entwurf von Louis Benech zurück.

Auf dem Gelände herrschen schwierige Bedingungen für den Anbau: Auf 280 Metern Höhe sind die Winter kalt und die Sommer sehr heiß. Mit einem pH-Wert von 8,5 ist der Boden stark kalkhaltig. Trotzdem

hat Cécile Chancel unaufhörlich neue Ideen – für den Garten wie auch für die Tafel. Selbstverständlich hat sie Zucchini in vielerlei Farben mit allen erdenklichen Saucen ausprobiert, bis ihre Kinder »Genug!« riefen. Da ihr Auge sie ebenso wie ihr Geschmack leitet, hat sie rotes Basilikum, weiße Auberginen und gelbe Zucchini von ihrem Teller verbannt, da deren Anblick ihr nicht zusagt. Ihre Küche ist vor allem geprägt von der jeweiligen Jahreszeit. Bei der Haus- und Gartenarbeit hat sie Hilfe (»Wir sind häufig vierzehn bei Tisch!«), doch wenn sie ihre jungen gedünsteten Artischocken zubereitet, zögert sie nicht, selbst mit Hand anzulegen.

Bei seinem Besuch in Val Joanis gegen Ende des Sommers zeigt sich Jacques Chibois von der Fülle an Gemüse, Früchten und Blumen überwältigt. Er bewundert das rustikale, kunterbunte Durcheinander, das so typisch war für die Gärten aus Großmutters Zeiten. Er schätzt es sehr, dass Cécile Chancel bemüht ist, auch alte Sorten und vergessene Gemüse wieder anzupflanzen. Außerdem gesellen sich Pflanzen des Mittelmeerraums zu anderen, die hier nicht heimisch sind, »die jedoch derart mit

Oben und rechts: Kohl, Gemüsepaprika und Tomaten gedeihen vor dem Gartenhaus in Val Joanis.

den Erzeugnissen der Region harmonieren, dass sie den Eindruck erwecken, schon immer da gewesen zu sein«. Diese erstaunliche Vielfalt inspiriert ihn auch in der Küche: Jacques Chibois stellt sich vor, aufs Geratewohl etwas herauszugreifen, um dann auf dem Teller neue Kombinationen entstehen zu lassen, die sich an der bereits im Garten existierenden Gemeinschaft orientieren. Diese Vorgehensweise der Auswahl von Erzeugnissen, die im selben Augenblick »reif« sind, erinnert ihn an Jean Mus, einen von ihm sehr geschätzten Landschaftsarchitekten aus Grasse. Jean erklärte ihm eines Tages: »Wenn ich einen Garten gestalte, setze ich mich an den Ort, wo er entstehen soll, blicke mich um, finde alles dort in meiner unmittelbaren Nähe und beginne, es zusammenzustellen.«

In den Weinen des Château Val Joanis entdeckt Jacques Chibois, wie in dem Garten, jene Mischung aus Frische und Einfachheit, die er auch in der eigenen Küche anstrebt. Aufmerksam beobachten und dann die Gegebenheiten schwungvoll und originell umsetzen – dies ist gleichermaßen die Aufgabe des Gärtners und des Landschaftsarchitekten wie auch des Winzers und Kochs.

Pochierte Pfirsiche
mit Eisenkraut-Eis und Himbeeren

Zutaten für 4 Personen:

Für das Mikado-Gebäck:
150 g Blätterteig
4 EL Puderzucker
20 g Butter

Für das Eisenkraut-Eis:
1 Bund frisches Eisenkraut (oder 50 g getrocknete Eisenkrautblätter)
800 ml Milch
200 ml Sahne
8 Eigelbe
250 g Zucker

Für die Pfirsiche:
4 große weiße Pfirsiche
100 g Zucker
5 Blätter frisches Eisenkraut
Saft einer Zitrone

Zum Servieren:
300 g Himbeeren
1 Sträußchen frisches Eisenkraut
Puderzucker

Das Mikado-Gebäck

Den Ofen auf 200 °C vorheizen.
Den Blätterteig auf 1 mm Dicke ausrollen, beide Seiten mit Puderzucker bestreuen und in 15 cm lange feine Stäbchen teilen. Die Stäbchen zu Spiralen drehen, auf ein gebuttertes Backblech geben und backen, bis sie eine schöne goldene Farbe annehmen.

Das Eisenkraut-Eis

Das Eisenkraut 25 Minuten in der warmen Milch ziehen lassen. Die Milch durch ein Sieb gießen und zusammen mit der Sahne erhitzen. Den Zucker mit den Eigelben verschlagen und in die warme Milch gießen. Unter ständigem Rühren mit einem Holzlöffel auf sehr kleiner Flamme erhitzen. Wenn die Creme am Löffel haftet, sogleich in eine kalte Schüssel umgießen. Die abgekühlte Masse in einer Eismaschine gefrieren lassen.

Die Pfirsiche

500 ml Wasser mit dem Zucker in einem Topf erhitzen. Das Eisenkraut hinzugeben, vom Feuer nehmen und zugedeckt 8 Minuten ziehen lassen. Durch ein Sieb gießen und den Zitronensaft hinzufügen. Die Pfirsiche 2 Minuten in kochendes Wasser und anschließend sofort in eine Schüssel mit Eiswasser tauchen. Abtropfen lassen, schälen, halbieren, den Kern entfernen und die Pfirsichhälften in den Sirup legen. 10–12 Minuten auf kleiner Flamme köcheln und dann im Sirup abkühlen lassen.

Servieren

Die Pfirsiche in Viertel teilen und mit portionierten Eisbällchen auf den Tellern anrichten, etwas Pfirsichsirup angießen. Mit Himbeeren, fein gehacktem Eisenkraut und den Mikado-Stäbchen verzieren. Mit ganzen Eisenkrautblättern dekorieren und mit etwas Puderzucker bestreuen.

Tipp des Küchenchefs

Das schmackhafte, aromatische Dessert verlangt eigentlich nach einem moussierenden Abgang, etwa einem perlenden Gaillac Domaine Long-Pech 1995. Wer am Ende eines schönen langen Sommeressens jedoch beim Wein des Hauptgangs bleiben möchte, kann auch ohne Zögern einen Tavel Domaine Mordorée 1998 reichen.

Knuspriges Millefeuille
mit Himbeeren

Zutaten für 4 Personen:

Für den Himbeercoulis:
125 g Himbeeren
Einige Tropfen Zitronensaft
125 Zucker

Für das Gelee von Zitronengras:
80 g Zucker
10 Blätter Zitronengras
1 EL Schale einer unbehandelten Zitrone, in Streifen geschnitten
½ Vanilleschote
Einige Tropfen Zitronensaft
6 Blatt Gelatine, in Wasser eingeweicht

Für die Zuckerblätter:
50 g Traubenzucker
250 g Zucker
100 ml Mineralwasser

Zum Servieren:
250 g Himbeeren

Der Himbeercoulis
Die Himbeeren mit dem Zucker und dem Zitronensaft im Mixer pürieren. In einer Gefrierbox im Kühlschrank aufbewahren.

Das Gelee von Zitronengras
Einen Sirup zubereiten: Hierzu 250 ml Wasser mit dem Zucker aufkochen, das Zitronengras hinzufügen sowie die Streifen der Zitronenschale und die Vanilleschote. 8 Minuten ziehen lassen. Den Sirup durch ein Haarsieb abgießen und etwas zum Dekorieren beiseite stellen. Die gequollene Gelatine ausdrücken und mit dem Zitronensaft im Sirup auflösen. Die Mischung 5 mm hoch auf einem mit Frischhaltefolie belegten Blech ausstreichen und abkühlen lassen. Im Kühlschrank aufbewahren.

Die Zuckerblätter

Das Mineralwasser mit Zucker und Traubenzucker zum Kochen bringen und den Sirup auf 165 °C erhitzen (die Temperatur mit einem Zuckerthermometer messen). Den Boden des Topfes in eine große Schüssel mit kaltem Wasser tauchen und so den Garvorgang beenden. Den Sirup unverzüglich auf einer Silikonmatte ausstreichen und abkühlen lassen.
Den Ofen auf 180 °C vorheizen.
Den erkalteten Zucker zu Puder zerstoßen. Diesen durchsieben, die größeren Stücke erneut zerstoßen. Den Puder auf einer Silikonmatte verteilen und einige Minuten im Ofen schmelzen lassen. Unmittelbar nach dem Herausnehmen aus dem Ofen mit einem großen Messer in Zuckerrechtecke (5 x 12 cm) teilen und abkühlen lassen. Bis zum Servieren an einem sehr trockenen Ort aufbewahren.

Servieren

Jeweils 10 Himbeeren in der Mitte jedes Tellers anrichten, mit einem Zuckerrechteck bedecken, dann mit einem Rechteck aus Zitronengrasgelee. Etwas Zitronengrassirup um jedes Millefeuille dekorieren, mit einigen Tropfen Himbeercoulis beträufeln und sofort servieren.

Tipp des Küchenchefs

Falls kein frisches Zitronengras zur Hand ist, sind frische Minzeblättchen oder Eisenkraut gute Alternativen. Die Millefeuilles werden erst im letzten Augenblick zusammengestellt, denn der Zucker wird durch den Kontakt mit dem Gelee und der Feuchtigkeit der Früchte schnell weich.

Jacques Chibois empfiehlt

Vom Pflücken und Konservieren von Früchten

Früchte – Äpfel, Pfirsiche, Pflaumen, Aprikosen – sollten vor der vollständigen Reife gepflückt werden und dann ganz allmählich an einem kühlen Ort heranreifen können. Tatsächlich ist Obst, das auf dem Höhepunkt der Reife gepflückt wird, sehr empfindlich und wird häufig beschädigt. Auch hält es sich in voll ausgereiftem Zustand weniger lange. Dasselbe gilt im Übrigen auch für Blumen, die mit noch kaum geöffneten Blüten geschnitten werden und sich dann erst im Haus öffnen.

Bei der Apfelernte auf dem Land wurde früher darauf geachtet, die Früchte nicht allzu reif werden zu lassen. Die Äpfel wurden luftig, aber lichtgeschützt im Keller gelagert. Je nach Sorte hielten sie sich dann bis zu einem halben Jahr. Wurden sie dagegen zu reif gepflückt, so ließen sie sich höchstens noch drei Wochen lagern.

Das Verzögern des Reifeprozesses im richtigen Augenblick ändert nichts an der Qualität der Früchte. Aber selbstverständlich plädiere ich hier nicht dafür, die Früchte grün zu pflücken! Bei manchen Obstsorten, etwa bei Trauben, kann die Ernte und Verarbeitung in unterschiedlichen Reifegraden großen Einfluss auf den Geschmack haben: Für das Keltern eines Sauternes oder Muskatweins beispielsweise ist für die Ernte ein sehr später Zeitpunkt erforderlich, bei dem die Traube bereits von Edelfäule befallen ist.

Zitronenbaiser
mit Mandarinenmarmelade und kandierten Oliven

Zutaten für 4 Personen:

Für das Zitronenbaiser:
2 Eiweiße
50 g Zucker

Für die Mandarinenmarmelade:
4 Mandarinen
250 g Zucker

Für die Amaretto-Creme:
125 ml Sahne (35% Fett)
15 g Puderzucker
20 ml Amaretto (Mandellikör)

Für die kandierten Oliven:
8 schwarze Oliven
200 g Zucker

Für das Mandarinensorbet:
250 ml frisch gepresster Mandarinensaft (mit Fruchtfleisch)
400 g Zucker
Schale von 2 unbehandelten Mandarinen, in Streifen geschnitten
800 ml Mineralwasser

Für das Zitronensorbet:
250 ml frisch gepresster Zitronensaft (mit Fruchtfleisch)
400 g Zucker
Schale von 2 unbehandelten Zitronen, in Streifen geschnitten
800 ml Mineralwasser

Für das Olivenöl mit Vanillearoma:
100 ml Olivenöl
2 Vanilleschoten

Zum Servieren:
Einige Olivenblätter

Das Zitronenbaiser
Den Ofen auf 140 °C vorheizen.
Eiweiße mit dem Zucker in eine hitzebeständige Schale geben, im Wasserbad vorsichtig unter dauerndem Schlagen erhitzen, bis die Baisermasse relativ fest am Schneebesen hängen bleibt. Aus dickem Lebensmittelkarton einen Streifen von etwa 2 cm Breite schneiden und zu einer Schablone in Tropfenform von etwa 10 cm Länge zusammenfügen. Das Backblech mit Backpapier auslegen und die Schablone achtmal etwa 3 mm hoch mit Baisermasse füllen. Drei Stunden im Ofen backen. Die Baisertropfen vorsichtig ablösen und trocken aufbewahren.

Die Mandarinenmarmelade
250 ml Wasser mit dem Zucker zum Kochen bringen. Die Mandarinen schälen, die Schnitze mit einem kleinen Holzspieß einstechen und eine Stunde bei sehr geringer Hitze in dem Sirup kandieren lassen. Abkühlen lassen, dann das Fruchtfleisch der Mandarinen herauslösen und im Mixer pürieren. Bei Bedarf etwas Sirup angießen. Kühl aufbewahren.

Die Amaretto-Creme

Die Sahne nicht allzu fest schlagen, Puderzucker und Amaretto unterrühren. Kühl aufbewahren.

Die kandierten Oliven

Die Oliven in einen Topf mit kaltem Wasser geben und zum Kochen bringen. Unverzüglich abgießen und den Vorgang vier Mal wiederholen. Die Oliven abtropfen lassen.
Den Zucker mit 250 ml Wasser zum Kochen bringen. Die Oliven hineingeben und bei sehr geringer Hitze kandieren.

Das Mandarinensorbet

Den Mandarinensaft mit dem Zucker, den Schalenstreifen und dem Mineralwasser in einen Topf geben und erwärmen, bis der Zucker sich aufgelöst hat. Dann eine Stunde ziehen lassen und in der Eismaschine gefrieren.

Das Zitronensorbet

Den Zitronensaft mit dem Zucker, den Schalenstreifen und dem Mineralwasser in einen Topf geben und erwärmen, bis der Zucker sich aufgelöst hat. Dann eine Stunde ziehen lassen und in der Eismaschine gefrieren.

Das Olivenöl mit Vanillearoma

Das Olivenöl in einem Topf auf 80 °C erhitzen (die Temperatur mit einem Thermometer überprüfen). Die Vanilleschoten aufschlitzen und das Mark in das Olivenöl schaben. Eine Stunde ziehen lassen.

Servieren

Auf jeden Teller einen Baisertropfen geben. Mit einem Esslöffel ein kleines Klößchen aus Zitronensorbet formen und auf den Baisertropfen setzen. Mit einem zweiten Baisertropfen abdecken. An der Seite einen Kreis aus Amaretto-Creme mit 3 cm Durchmesser formen. In dessen Mitte einen Teelöffel Mandarinenmarmelade und zwei Oliven platzieren. Ein Klößchen Mandarinensorbet auf die Amaretto-Creme setzen. Locker mit etwas Olivenöl mit Vanillearoma und einigen Olivenblättern dekorieren.

Jacques Chibois empfiehlt

Fruchtsorbets

Für meine Fruchtsorbets stelle ich niemals einen Sirup her, sondern verwende ausschließlich gezuckertes Fruchtfleisch mit ein wenig Zitronensaft. Weitere Zutaten enthalten meine Sorbets nicht.

Für ein Zitronensorbet zum Beispiel presse ich den Saft der Früchte unmittelbar auf den Zucker. Auf diese Weise wird der Oxidationsprozess sofort gestoppt, und der frische Zitronengeschmack bleibt erhalten. Wenn der Saft nach dem Pressen stehen gelassen wird, und sei es auch nur für zwei Minuten, so nimmt er einen unangenehmen oxidierten Geschmack an, ähnlich wie industriell hergestellte Säfte. Aus diesem Grund sollte man grundsätzlich Zitronensaft sofort auf die jeweiligen Zutaten pressen.

Für die Bereitung eines Sorbets werden die Früchte nach Geschmack gezuckert, püriert, mit einem Spritzer Zitronensaft versehen und anschließend in der Eismaschine gerührt. So bleibt der Geschmack der frischen Früchte wunderbar erhalten. Außerdem empfehle ich, das Sorbet so schnell wie möglich nach dem Rühren zu servieren, sodass es nicht steif wird. Wer ein Sorbet länger aufbewahren will, ist gezwungen, mithilfe von chemischen Zusätzen das Steifwerden zu verhindern, wovon ich natürlich abrate. Zur Not kann das Sorbet im Kühlschrank etwas angetaut und dann erneut gerührt werden, doch büßt es dabei an Geschmack ein.

Das beste Sorbet ist jenes, das nur wenige Stunden vor der Mahlzeit, beziehungsweise während dem Verzehr der ersten Gänge, bereitet wurde, und fünf bis zehn Minuten nach dem Rühren serviert wird.

Verrückt nach Feigen

Oben und rechts: Die köstlichen Früchte verdanken ihr Entstehen der Umtriebigkeit eines Insekts, der Feigenwespe.

Seit Menschengedenken werden Feigen von Feinschmeckern verehrt. Der Gärtner des Sonnenkönigs Ludwig XIV., Jean-Baptiste de La Quintinie, verkündete gar: »Die reife Feige [...] ist die beste aller Baumfrüchte, die mir bis zum heutigen Tag bekannt sind, und die meisten rechtschaffenen Leute finden diese Frucht am köstlichsten von allen.« In Versailles zog La Quintinie Feigen als Spalierobst, eine Methode, die später lange Zeit bevorzugt eingesetzt wurde, insbesondere in Argenteuil. Doch Alexandre Dumas, der große Feinschmecker des 19. Jahrhunderts, befand: »Trotz des legendären Rufs der Feigen aus Argenteuil kann man gute Feigen nur in Südfrankreich essen!« Bereits um 1600 hatte der südfranzösische Agronom Olivier de Serres den wunderbaren Geschmack der Feigen aus Marseille, Montpellier, Aubenas und Nîmes gelobt: »Die Güte der Feige wird niemals infrage gestellt, jeder zählt diese Frucht zu den schmackhaftesten, und es herrscht allgemeine Übereinstimmung, dass sie, zusammen mit der Traube, als Krönung der Früchte betrachtet werden kann. Man findet weiße, schwarze, rauchfarbene, graue und grüne, große, mittlere und kleine, frühe und späte, mit äußerst unterschiedlichen und kostbaren Geschmacksnoten.« Zu jener Zeit trugen sie betörende Namen wie »Auge des Rebhuhns«, »Kuckucksfrucht«, »Frucht des Gastes«, »die Quiekende«, »die Rötliche«, »die Hartschalige« oder »die Engelsfrucht«.

Feigenbäume sind im Mittelmeerraum heimisch, da dort Temperaturen von -12 °C nicht unterschritten werden. Da Feigenbäume über einen relativ langen Zeitraum reife Früchte hervorbringen, ist die Ernteperiode entsprechend lang. Wegen der großen Empfindlichkeit der Früchte muss die Ernte jedoch täglich vorgenommen werden. Zum Glück gibt es Feigenanbauer, die auf handwerkliche Methoden zurückgreifen und althergebrachtes Wissen mit moderner Technik verbinden. In Solliès-Pont im Département Var wurde die örtliche Sorte 'Figue de Solliès' sogar mit einem Gütesiegel ausgezeichnet. In seiner Baumschule am Fuße des Mont

Ventoux vermarktet Pierre Baud etwa zwölf Sorten im großen Stil. Ein weiteres Sortiment von zwanzig Sorten richtet sich an ausgesprochene Liebhaber. Seine Sammlung an Feigenbäumen ist jedoch noch wesentlich umfangreicher und wird alljährlich um Sorten aus Marokko, Süditalien und den Vereinigten Staaten erweitert. Bei Pierre Baud verkostet man die unterschiedlichsten Sorten und erwirbt dann einen Baum jener Sorte, die einen zu verführen vermocht hat. Der Züchter weist allerdings darauf hin, dass »der jeweilige Standort einen ganz erheblichen Einfluss auf das Gedeihen der Feigenbäume« habe und gibt gern entsprechende Hinweise für einen erfolgreichen Anbau.

Ein weiterer *fada de la figue*, wie die Feigenliebhaber in Südfrankreich genannt werden, ist Francis Honoré, der südlich von Avignon in den Alpillen auf zwölf Hektar etwa 150 verschiedene Sorten zieht. Jacqueline und Francis Honoré haben auf der Suche nach den aromatischsten Sorten zusammen mit ihren Kindern Philippe und Christine die Welt bereist und den Grundstock ihrer Sammlung aus Südafrika, den Vereinigten Staaten, Japan, Indien und Brasilien zusammengetragen. Jacqueline ist zur Expertin in der Verarbeitung der empfindlichen Früchte geworden: Aus ihnen bereitet sie Konfitüre, Kompott, Chutney, Sirup sowie einen Nektar, der pur getrunken, mit Wein oder Champagner zu einem Kir vermischt oder auch, wie bei den Köchen im alten Rom, zur Verbesserung von Saucen verwendet werden kann. Drei Sorten werden von den Honorés als frische Früchte verkauft: 'Dauphine', 'Noire Caromb' und 'Bourjasotte', die Francis auch als halb getrocknete Früchte anbietet. Hierzu lässt er sie fächerförmig geöffnet auf einem Rost unter der Sonne des Südens trocknen.

Feigenbäume sind schöne Bäume, »etwas Vollkommenes« nennt sie der Dichter Francis Ponge, der ihren »glatten und matten Stamm (tierisch und

mineralisch in einem)« bewunderte. Der Baum kommt in sämtlichen Mythen vor, vielleicht auch aufgrund seines geheimnisumwobenen Lebenszyklus, der von einer einzigartigen Methode der Befruchtung bestimmt wird.

Tatsächlich unterscheidet sich der männliche Baum, die Bocksfeige oder Holzfeige, nur darin vom weiblichen Baum, der Kulturfeige oder Essfeige, dass er Früchte hervorbringt, die trocken und nicht essbar sind. Genau genommen ist das, was wir »Frucht« nennen, eigentlich ein Behältnis mit Hunderten von inneren Blüten. Wie vollzieht sich nun die Hochzeit dieser zwei Bäume? Sie wird von einem Insekt, der Feigenwespe (*Blastophaga psenes*, die mit den Wespen und Bienen verwandt ist), vollzogen. Ihre Larven schlüpfen in der Bocksfeige und treten voller Pollen aus dieser hervor, um sich auf die Suche nach einem neuen Wirt zu begeben. Wenn sie diesen findet, dringt sie durch eine Art »Tür« am runden Ende der Feige ein. Handelt es sich dabei um eine Kulturfeige, so befruchtet sie diese und verlässt sie wieder, worauf die Feige heranreift. Sie gilt als reif, wenn aus dieser winzigen Öffnung ein Tropfen Honig hervortritt, und kann dann gepflückt werden. Wählt sich das Insekt jedoch eine Bocksfeige als Wirt aus, so beginnt der Lebenszyklus der Feigenwespe aufs Neue.

Jene geheimnisvolle Liebe lädt natürlich zu lyrischen Betrachtungen ein. Auch Francis Honoré wird, wenn er von seiner Leidenschaft spricht, leicht zum Dichter: »Die Feige kommt für mich einer Initiation gleich« oder auch: »Der Feigenbaum ist der Baum des Mittelmeeres schlechthin: empfindlich, aufbrausend. Er verdient die gleiche Zuwendung wie eine Frau und Kinder.« Zahlreiche Schriftsteller zählen sich im Übrigen zu den *fadas des figues*. So ist die Feige für den Dichter des sinnlichen Erlebens, Francis Ponge, ein »materialistischer Trost«, »eine dicke Perle, gleichermaßen rustikal wie barock«. Und der provenzalische Dichter René Char legt der geliebten Frucht die Worte in den Mund: »Mein Aussehen ist eine Herausforderung, meine Tiefe eine Freundschaft.«

Granita aus Wassermelonen
und Hibiskusblüten auf frischen Feigen

Zutaten für 4 Personen:

Für die Granita:
150 ml Mineralwasser
100 g Zucker
3 EL unbehandelte Hibiskusblüten
300 g Fruchtfleisch
einer Wassermelone (ohne Kerne)

Zum Servieren:
16 Feigen
Einige Blütenblätter vom Hibiskus

Die Granita
Das Mineralwasser mit dem Zucker in einem Topf zum Kochen bringen. Die Hibiskusblüten zugeben, dann 6–8 Minuten bei geringer Hitze sieden lassen. Durch ein Sieb gießen, abkühlen lassen und zusammen mit dem Fruchtfleisch der Wassermelone im Mixer pürieren. Abschmecken und bei Bedarf nachzuckern.
Die Granita etwa 1,5 cm hoch in eine Form füllen und im Tiefkühlfach fest werden lassen. Regelmäßig mit der Gabel abschaben, um Kristalle zu erzeugen, und die Granita bis kurz vor dem Servieren im Tiefkühlfach aufbewahren.

Servieren
Die gewaschenen und halbierten Feigen in der Mitte der Teller anrichten. Mit Granita bedecken und mit einigen Hibiskusblütenblättern dekorieren.

Tipp des Küchenchefs
Die Teller vor dem Servieren unbedingt mehrere Stunden im Tiefkühlfach kühlen.

Gemüse aus Revolutionstagen

Oben und rechts: Tomaten und Auberginen sind noch nicht lange in der provenzalischen Küche beheimatet.

Tomaten und Auberginen, jene Klassiker der mediterranen Küche, sind genau genommen erst im 16. Jahrhundert in die Provence gelangt. Erstere zählen zusammen mit Kürbissen, Mais und grünen Bohnen zu jenen Funden, die die Eroberer aus der Neuen Welt mitführten. Das Wort Tomate ist von einem aztekischen Wort abgeleitet, doch nannte man sie in der Provence zunächst *pommes d'amour*, Liebesäpfel. Erst nach dem Zweiten Weltkrieg wurden sie mit Blick auf eine bessere Vermarktung als Tomaten bezeichnet.

Die Aubergine soll durch die Mauren von Indien nach Spanien gelangt sein, von dort nach Italien und etwa zur gleichen Zeit auch in die Provence. Beide Gemüse galten lange Zeit als verdächtig: Der Giftgehalt in den Blättern der Tomatenpflanze bot Anlass zur Sorge, und die Aubergine wurde lange als *mala insana*, Apfel des Wahnsinns, bezeichnet. Dennoch prägten beide die kulinarischen Gewohnheiten Südfrankreichs entscheidend.

Es sollte noch weitere hundertfünfzig Jahre dauern, bis die beiden Gemüsearten auch in Paris den Durchbruch schafften, was wiederum als eine der unerwarteten Folgen der Französischen Revolution gelten kann! In der Provence des 18. Jahrhunderts, etwa in Sisteron, besaß die Tomate bereits den Status eines »beliebten Lebensmittels, dessen Preis reguliert werden musste« (so Simone Martin Villevieille in *Histoire des recettes de Provence*). Im Jahr 1804 schrieb der Pariser Grimod de la Reynière in seinem *Almanach des gourmands* jedoch Folgendes über die Tomate: »Jenes Gemüse oder jene Frucht, wie auch immer man sie zu nennen beliebt [...], im Languedoc und in der Provence eingeführt, war vor 15 Jahren in Paris noch nahezu unbekannt. Es ist dem Zustrom an Bürgern aus dem Süden Frankreichs zu verdanken, welche die Revolution in die Hauptstadt gezogen hat, wo sie nahezu alle zu Vermögen gelangt sind (da sie den guten Einfall hatten, sich dort gegenseitig zu unterstützen und untereinander gemeinsame Sache zu

machen), dass sich die Tomate dort angesiedelt hat. Zunächst war sie ausnehmend teuer, ist dann jedoch sehr gewöhnlich geworden, und in dem vergangenen Jahr sah man sie in den Hallen von Paris in großen Körben.« Tatsächlich sollen es jene 500 Bürger Marseilles gewesen sein, die am 14. Juli 1790 nach Paris kamen, um dort das Fest der nationalen Föderation zu begehen, die während ihres Aufenthaltes in der Hauptstadt nicht auf den Genuss von Tomaten verzichten wollten und diese somit einforderten. Dennoch war die exotische Frucht bereits einigen Parisern bekannt. Die Historiker Patrick und Lindsay Mikanovski erwähnen, dass um 1750 »der Küchenchef eines fürstlichen Hauses in Paris ein Buch veröffentlichte, das vier Seiten mit Rezepten, in denen Tomaten verwendet werden, enthält«. Der Samenhändler Vilmorin-Andrieux erwähnte die Tomate im Jahr 1778 und empfahl etwa um die gleiche Zeit auch den Verzehr der Kartoffel. Diderot widmet sich ihr in seiner *Encyclopédie*, und *Le Bon Jardinier* von 1783 empfahl eine *sauce à la tomate*. Dennoch war die vorrevolutionäre Tomate in Paris nur eine Frucht für Eingeweihte und die Elite. Erst die Vorliebe der Marseiller Bürger machte sie einem breiten Publikum und auch im Gemüseanbau bekannt.

Erstaunlicherweise widerfuhr der Tomate in den Vereinigten Staaten ein ganz ähnliches Schicksal. Zu einer Zeit, als Thomas Jefferson sie in Virginia bereits schätzen gelernt hatte, wurde sie im Norden noch misstrauisch beäugt. Es ging so weit, dass im Jahre 1840 in New Jersey der unerschrockene Kolonel Robert Gibbon deshalb Berühmtheit erlangte, weil er angeblich dem Tod in aller Öffentlichkeit ins Auge sah, indem er eine rohe Tomate aß!

Die Aubergine ihrerseits wird von Grimod 1804 als ein »weiteres Gemüse des Languedoc, das in der Hauptstadt relativ selten ist« erwähnt. Das »Restaurant des Frères Provençaux« soll es gewesen

sein, das sie um 1790 in Paris in Mode gebracht hat, und zwar in gegrillter Form. Das 1786 von drei Brüdern aus der provenzalischen Durance-Gegend gegründete Haus befand sich im Palais-Royal, dem damaligen Zentrum sämtlicher Vergnügungen, und galt als wahre Goldgrube. Neben der Aubergine verzeichneten andere provenzalische Spezialitäten ähnliche Erfolge: das Stockfischpüree *brandade de morue*, die Knoblauchmayonnaise *aïoli* und die Fischsuppe *bouillabaisse*. Robespierre ließ sich dort bewirten, ebenso später Bonaparte. Um 1830 lud Alfred de Musset dort zu prunkvollen Festen. Als das »Restaurant des Frères Provençaux« dann zum renommierten Haus avanciert war, diente es auch als Rahmen manch einer Romanhandlung, etwa bei Balzac und Flaubert. Doch berichtet George Sand 1873, vier Jahre vor der endgültigen Schließung, dort »äußerst schlecht« diniert zu haben.

Der Historiker Jean-Paul Aron weist darauf hin, dass die unternehmungslustigen Köche in der Anfangszeit der Revolution die Traditionen der unterschiedlichen regionalen Küchen in Paris lanciert hatten. Nach 1793 mussten sie sich jedoch dem Jakobinergeist unterwerfen. Von da an wurden die provenzalischen Gerichte rasch von der Speisekarte verbannt, mit Ausnahme der *bouillabaisse* und des Stockfisches mit *aïoli*. Tatsächlich unterband die dominante zentralistische Politik jegliche regionale Küche in Paris nahezu während des gesamten 19. Jahrhunderts.

Jacques Chibois erinnert sich gern daran, dass die beiden »Gemüse« botanisch gesehen zu den Früchten zählen und auch entsprechend behandelt werden können. Neben Saucen, Salaten und herzhaften Gerichten bereitet er somit daraus auch Sorbet, Eis und Gebäck zu. Auch legt er sie gern ein und weist darauf hin, dass eingelegte Tomaten und Auberginen zu den großen Spezialitäten der griechischen und türkischen Küche zählen. Letztere weckt bei ihm große Bewunderung, wie im Übrigen auch die marokkanische Küche, und inspiriert ihn häufig zu neuen Kreationen. So nehmen diese bereits so weit gereisten Gemüse erneut an einem Austausch teil, dieses Mal unter den verschiedenen Mittelmeerländern.

Gebratener Kalbsrücken

mit Kapern und Auberginen-Zitronen-Confit

Zutaten für 4 Personen:

Für den Kalbsrücken:
800 g Kalbsrücken, aufgeteilt in 4 Filetstücke (2 cm dick)
1 EL Olivenöl
Salz und Pfeffer

Für die Sauce:
80 g Kalbfleischreste oder Kalbsfrikassee
1 EL Olivenöl
2 kleine Zwiebeln
1 Knoblauchzehe
1 Möhre
1 kleine Selleriestange
3 EL Weißwein
1 Bouquet garni (1 Thymianzweig, 1 Lorbeerblatt, einige Petersilienstängel)
30 g gegarte Rote Bete
1 EL frische Tomate, gehackt
1 Prise Zimtpulver
1 Prise gemahlene Muskatnuss
5 g getrocknete Steinpilze
20 g weiche Butter
Einige Spritzer Zitronensaft
Salz und Pfeffer
2 EL Kapern (so klein wie möglich)

Für das Gemüse:
3 kleine Auberginen
1 l Erdnussöl (zum Frittieren)
1 Prise abgeriebene Schale einer unbehandelten Zitrone
20 g Butter
1 Prise gemahlener Kreuzkümmel
Salz und Pfeffer

Kalbsrücken

Die Filetstücke salzen und pfeffern und in einer beschichteten Pfanne in Olivenöl bei großer Hitze rasch anbraten. Aus der Pfanne nehmen und in Alufolie im ausgeschalteten Ofen auf einem Rost ruhen lassen. Vor dem Servieren die Filetstücke einige Minuten im Ofen erhitzen und in dicke Scheiben schneiden.

Sauce

Die Kalbfleischreste in kleine Stücke zerteilen und in einem Topf in Olivenöl anbraten. Zwiebeln, Knoblauchzehe, Möhre und Selleriestange schälen, klein hacken und hinzugeben. Wenn alles eine schöne goldene Farbe angenommen hat, mit Weißwein ablöschen. Bouquet garni, Tomate, klein gehackte Rote Bete, Zimt, Muskatnuss und Steinpilze hinzufügen. 250 ml Wasser angießen und 20 Minuten köcheln lassen. Die Sauce durch ein Sieb streichen, dabei die Gemüse zerdrücken und den Saft auffangen. Auf kleiner Flamme bis auf 120 ml reduzieren, die Butter mit dem Schneebesen einrühren, salzen, pfeffern und den Zitronensaft angießen. Vor dem Servieren die Sauce erhitzen und die Kapern hinzufügen.

Gemüse

Die Auberginen waschen. Eine davon in 8 cm lange, 2 cm breite Rechtecke schneiden – drei Stück pro Person. In Erdnussöl frittieren, bis sie goldgelb sind, und anschließend auf Küchenkrepp abtropfen lassen. Salzen und pfeffern.
Die restlichen Auberginen mit dem Sparschäler schälen: Das Fruchtfleisch würfeln und die Schale in feine gleichmäßige Stäbchen zerkleinern. In zwei Schüsseln getrennt mit Salz Wasser ziehen lassen. Die Würfel abgießen und 3 Minuten in kochendem Salzwasser (20 g Salz für 1 l Wasser) garen. In kaltes Wasser tauchen und unverzüglich abgießen. Mit den Stäbchen aus der Schale ebenso verfahren.
Würfel und Stäbchen vermischen und in einem Topf mit der Butter erhitzen und mit Zitronenschale, Salz und Pfeffer abschmecken.
Vor dem Servieren die frittierten Auberginen 4 Minuten in einer beschichteten Pfanne mit dem Kreuzkümmel erhitzen.

Servieren

Die Kalbsfiletscheiben auf Tellern anrichten, darauf die frittierten Auberginen, daneben die Auberginenwürfel und -stäbchen mit Zitrone. Die Sauce über das Fleisch geben.

Tipp des Küchenchefs

Wählen Sie ein schönes Stück Kalbfleisch aus artgerechter Haltung. Die Ruhezeit (in der Wärme des ausgestellten Ofens) ist wichtig, da dann das Fleisch zur Ruhe kommt und eine schöne gleichmäßige rosa Farbe annimmt.

Gebratene Kalbsnieren
mit Kompott von Coco-Bohnen und Tomaten

Zutaten für 4 Personen:

Für das Kompott von Coco-Bohnen:
200 g frische enthülste Coco-Bohnen (= Breite Bohnen)
3 Tomaten
2 weiße Zwiebeln
1 EL Olivenöl
3 Knoblauchzehen
1 Bouquet garni (1 Thymianzweig, 1 Lorbeerblatt, einige Petersilienstängel)
1 Prise gemahlener Kreuzkümmel
1 Prise Currypulver
1 g Safranfäden

Für die Kalbsnieren:
2 Kalbsnieren (das weiße Fett säuberlich entfernt)
2 EL Olivenöl
Salz und Pfeffer

Für die Sauce:
50 ml Marc de Provence
50 ml Noilly Prat
100 ml Geflügelfond
1 Prise Paprikapulver
1 Prise *quatre épices* (französische Gewürzmischung aus Pfeffer, Muskatnuss, Zimt und Gewürznelken)
10 g weiche Butter
1 EL Olivenöl
10 Blätter frischer Wermut
8 Blätter Sauerampfer

Zum Servieren:
30 g frische enthäutete Mandeln
Einige frische Wermutblätter
Einige Blätter Sauerampfer

Kompott von Coco-Bohnen

Die Tomaten 2 Minuten in einen Topf mit kochendem Wasser tauchen, abgießen, häuten und vierteln. Die Kerne entfernen und den Saft auffangen. Das Fruchtfleisch in regelmäßige Würfel zerkleinern. Den Saft durch ein Sieb streichen, um ihn von den Kernen zu trennen.
Die Zwiebeln schälen, klein hacken und in einer Pfanne in Olivenöl anschwitzen. Den Tomatensaft angießen. Das Bouquet garni, die geschälten und zerdrückten Knoblauchzehen, Kreuzkümmel, Curry und Safran sowie die Bohnen hinzufügen. Bis auf halbe Höhe Wasser angießen, zum Kochen bringen und 30 Minuten auf kleiner Flamme köcheln. Gegen Ende der Garzeit die Tomatenwürfel hinzugeben.

Kalbsnieren

Den Ofen auf 180 °C vorheizen.
Die Kalbsnieren salzen und pfeffern. Das Olivenöl in einem gusseisernen Schmortopf oder einer gusseisernen Form erhitzen und die Nieren auf der gelappten Seite auf großer Flamme anbraten. Wenden und die Garzeit 5–6 Minuten im Ofen fortsetzen. Die Nieren aus der Form nehmen und in Alufolie im ausgestellten Ofen auf dem Rost ruhen lassen. Auf der unteren Seite die Alufolie mit einigen Öffnungen versehen, sodass der Saft ablaufen kann. Eine Fettpfanne unterstellen.

Sauce

Das Bratfett im Schmortopf mit Marc de Provence, dann mit Noilly Prat ablöschen und den Geflügelfond angießen. Mit *quatre épices* und Paprika würzen, aufkochen lassen, vom Feuer nehmen und mit einem Schneebesen Butter und Olivenöl einrühren. Kurz vor dem Servieren den fein gehackten Wermut und Sauerampfer hinzufügen.

Servieren

Am Rande des Tellers etwas Kompott von Coco-Bohnen platzieren, daneben die Kalbsnieren. Mit der Kräutersauce nappieren und mit einigen frischen Blättern Wermut und Sauerampfer locker dekorieren. Mit darüber gestreuten Mandeln abrunden.

Tipp des Küchenchefs

Beim Ruhen nach dem Braten geben die Kalbsnieren ihren Saft ab und nehmen eine gleichmäßige rosa Farbe an.

Genuss und Wohlbefinden

»Einem Stern gleich ist sie ein goldenes Universum, eine gelbe Schale voller Wunder, das winzige Feuer eines Planeten …«

Pablo Neruda
zur Zitrone

Menton und seine Zitronen

Die ersten Touristen an der Côte d'Azur müssen Adam und Eva gewesen sein. Kurz bevor sie den Garten Eden verließen, hatten sie den glorreichen Einfall, einige Zitronen mit auf den Weg zu nehmen. Nach langem Umherirren entschied sich das Paar für einen Ort, der sie an das verlorene Paradies erinnerte: Es war die Bucht von Garavan.

Oben: Zitronenpflückerin bei der Ernte der berühmten Zitronen von Menton.

Der Überlieferung zufolge sollen die ersten Schösslinge der göttlichen Zitronen zur gleichen Zeit entstanden sein wie die Stadt Menton. Der Zitronenbaum evoziert paradiesische Bilder eines ewigen Frühlings, da er das ganze Jahr über gleichzeitig blüht und Früchte trägt. Zu den makellosen, seidigen, duftenden Blüten gesellen sich leuchtende Früchte vor dem Hintergrund sattgrünen, glänzenden, immerwährenden Laubes.

In Menton, das aufgrund seines besonderen Mikroklimas deutlich weniger unter Frost leidet als Norditalien, finden Zitronenbäume perfekte Bedingungen. De facto wurden sie im 15. Jahrhundert eingeführt und erlebten ihre Blütezeit zwischen 1740 und 1840. Die Produktion entstammte zu dieser Zeit kleinen Gärten, in denen der Ertrag bis zu 35.000 Zitronen pro Hektar erreichen konnte. Die veralteten Arbeitsmethoden, die Parzellierung der Anbauflächen, die schlecht unterhaltenen Transportwege, das Fehlen eines Hafens, in dem Dampfschiffe hätten anlegen können, wie auch die Entstehung des Tourismus bewirkten jedoch von 1850 an den Niedergang dieser pittoresken Kleinindustrie. Der außergewöhnliche Frost von 1956 und der kurz darauf folgende Pilzbefall durch die so genannte *mal sec*, die »trockene Krankheit« (*Deuterophoma tracheiphila* Petri), taten ein Übriges. So reduzierte sich die Zahl der Zitronenbäume um Menton von 50.000 auf 5.000. Von 1964 an wurden die Zitronen zudem von Läusen befallen, eine weitere Bedrohung für den Fortbestand der Kulturen.

Trotz dieser Plagen gedeihen die Zitronen in Menton heute wieder prächtig, nicht zuletzt dank des erfolgreichen Zitronenfestes, das

alljährlich im Februar stattfindet. Die *Fête du citron* wurde 1895 von vier umtriebigen Hoteliers ins Leben gerufen und avancierte als Karneval Mentons mit jährlich über 200.000 Besuchern zur zweitgrößten Publikumsveranstaltung an der Côte d'Azur. Im Biovès-Park von Menton, der als Rahmen für das Fest dient, sind die Zitrusfrüchte in großartigen Kreationen auf etwa 15 Metallgestellen dekoriert. An jedem Februarwochenende ziehen prachtvolle, mit Zitronen geschmückte Wagen durch die Altstadt und an der Strandpromenade entlang, während die Stadt von zahlreichen Orchestern und Folkloregruppen belebt wird. Am Fastnachtsabend rundet ein großartiges Feuerwerk über der Bucht den nächtlichen Festumzug ab.

Das Zitronenfest belebte natürlich den örtlichen Zitronenanbau. Darüber hinaus setzen sich aber auch die Stadt Menton, die Landwirtschaftskammer, die Bank *Crédit Agricole* sowie die Zitronenbauern selbst dafür ein. Und was könnte die Terrassen um die Stadt mehr verschönern als Zitronenhaine? Auch einige Privatgüter versorgen den Markt, denn Menton, die »Stadt der Gärten«, ist für ihre großen herrschaftlichen Villen aus der Zeit der Jahrhundertwende bekannt. Einen der schönsten Gärten besitzt die Stadt selbst im Park des Palais Carnolès. In der ehemaligen Residenz der Fürsten von Monaco, später Casino und heute *Musée des Beaux-Arts* (»Museum der Schönen Künste«), vereint der »Garten der Zitrusfrüchte« inmitten der Stadt 137 verschiedene Zitrusfruchtsorten an einem Ort: Eine *Citrus*-Sammlung, die vom *Conservatoire des Collections Végétales Spécialisées* (CCVS), dem »Institut für besondere Pflanzensammlungen«, als nationale Sammlung anerkannt wurde. Unter den Schätzen finden sich auch Raritäten wie die Kaffir-Limette *Citrus hystrix*, der Mandarinenbaum 'Cléopatre' oder die Zitronatzitrone aus Korsika. Weitere Sorten werden im großen botanischen Garten der Villa Hanbury in La Mortola gezogen, vier Kilometer außerhalb von Menton, bereits auf italienischem Boden. Die Pampelmusen der Sorte 'Shaddeck' wiegen dort drei Pfund und leuchten wie riesige, gelbe Laternen inmitten eines eleganten, weiß blühenden Gartens.

Oben: Zitrusfrüchte am Baum: Die Form mag etwas ungewöhnlich sein, aber das Aroma ist ganz ohne Zweifel köstlich.

Oben:
Der »Garten der Zitrusfrüchte« im Palais Carnolès in Menton

Rechts:
Von der Blüte zum Blütenwasser, zur Blütenessenz …

Unter den neuen Erzeugern experimentieren einige mit biologischen Methoden des Pflanzenschutzes, um auf diese Weise alte Sorten wie 'Eurêka' oder 'Le Mentonnais' zu retten. Gleichzeitig entwickelt das Nationale Institut für Landwirtschaftsforschung neue widerstandsfähige Sorten wie etwa jene 'Citron de Menton', die wegen ihres Reichtums an ätherischen Ölen, wegen ihres säuerlichen Geschmacks und ihres intensiven Aromas in der Küche besonders geschätzt wird. Versuchspflanzungen an drei verschiedenen Orten (Korsika, Nizza und Menton) haben ergeben, dass sich ihre Qualitäten auf den Anbauflächen von Menton am besten entfalten können.

Auch die gesunden Nebenprodukte des Anbaus von Zitrusfrüchten haben in Menton eine lange Tradition, etwa das Orangenblütenwasser und dessen Essenz, das Neroliöl, oder auch der wohltuende Sirup, der *aiga afra* (bitteres Wasser) genannt wird. Die Zitrone, die so überreich ist an Vitamin C und einst das Heil der von Skorbut bedrohten Seefahrer war, besitzt vielerlei Qualitäten – unter denen die Schönheit nicht die geringste ist.

Mit Zitrone und Ingwer
marinierter Thunfisch mit Schafskäseklößchen

Zutaten für 4 Personen:

Für den Thunfisch:
600 g Filets von rotem Thunfisch
1/2 TL Ingwerpulver
1 EL Schale einer unbehandelten Zitrone
1 EL fleischige, feste schwarze Oliven, entsteint und gehackt
100 ml Olivenöl
Saft einer 1/2 Zitrone
Salz und Pfeffer

Für den Gurken-Coulis:
1 Salatgurke
1 EL Olivenöl
1 TL Marc de Provence oder ein anderer Tresterschnaps
Salz und Pfeffer

Für die Schafskäseklößchen:
50 g fester Schafsfrischkäse
Einige Spritzer Zitronensaft
1 Prise Schale einer unbehandelten Zitrone
150 ml Sahne
Salz und Pfeffer

Zum Servieren:
80 g Portulak (oder Feldsalat), gewaschen und geschleudert
Einige weiße Blütenblätter (Rosen, Mandeln …)
1 EL Schale einer unbehandelten Zitrone
Etwa 10 Basilikumblätter
1 TL Schwarzkümmel
1/2 TL Paprikaflocken

Der Thunfisch
Den Thunfisch in 1 cm große Würfel schneiden und in eine Schüssel geben. Das Ingwerpulver, die klein gehackten Oliven und die sehr fein gehackte Zitronenschale hinzugeben. Salzen und pfeffern, Olivenöl und, kurz vor dem Servieren, den Zitronensaft angießen. Vorsichtig vermischen.

Der Gurken-Coulis
Die Salatgurke schälen, in Scheiben schneiden und 8 Minuten in einem Topf mit kochendem Salzwasser sieden lassen (20 g Salz für 1 l Wasser). In kaltem Wasser abschrecken und unverzüglich abgießen. Mit dem Marc de Provence, dem Olivenöl sowie Salz und Pfeffer im Mixer pürieren. Den Coulis fest durch ein Sieb streichen und dabei so viel Flüssigkeit wie möglich auffangen.

Die Schafskäseklößchen

Den Schafsfrischkäse mit der äußerst fein gehackten Zitronenschale, dem Zitronensaft, Salz und Pfeffer vermischen. Die Sahne steif schlagen und behutsam unter die Mischung ziehen. 30 Minuten im Kühlschrank ruhen lassen.

Servieren

In jeden Teller etwas Gurken-Coulis gießen. Den marinierten Thunfisch in einem 5 cm breiten Band quer über den Teller anrichten. Mit einem Löffel ein Klößchen aus Schafskäse ausstechen und dieses auf dem Thunfisch platzieren. Locker und harmonisch mit einigen Blättchen Portulak und den Blütenblättern dekorieren. Zum Schluss mit fein gehackten Basilikumblättchen, feinen Streifen Zitronenschale, Schwarzkümmel und Paprikaflocken verzieren.

Tipp des Küchenchefs

Wählen Sie am besten ein Stück aus der Mitte des Thunfisches, das Schwanzende ist zu vermeiden. Damit er seine Beschaffenheit nicht einbüßt, sollte er erst in allerletzter Minute zubereitet werden, denn die Zitrone »gart« den Fisch.

Jacques Chibois empfiehlt

Von der richtigen Verwendung der Zitrone

Zitronen sind in der Mittelmeerküche unverzichtbar. Ich füge all meinen Gerichten Zitrone, sei es als Saft oder als abgeriebene Schale, bei. In den Mittelmeerländern zeichnen sich Früchte und Gemüse durch besonders süße und kräftige Geschmacksnoten aus, denen jedoch oft eine gewisse Säure fehlt. Sie verdanken diesen Geschmack der Sonne, die der Entwicklung der Säfte förderlich ist. Etwas Zitrone wirkt hier wahre Wunder. Die Aromen explodieren geradezu, sobald man einem Obstsalat oder Erdbeeren etwas Zitronenschale zufügt. Man sagt mir häufig: »Ihre Küche ist sehr leicht, sie hat eine gewisse Frische im Mund.«

Zitronen sind zudem gut für die Verdauung. Die Aufnahme von Zitrone lässt im Magen eine Säurereaktion entstehen, die den Gehalt an Zitronensäure erhöht, die beim Verdauungsprozess erzeugt wird. (Zitronensäure ist immer förderlich, um eine Gärung in Gang zu bringen.)

Selbstverständlich sollten ausschließlich unbehandelte Zitronen verwendet werden. In der Gegend der Alpes-Maritimes haben wir das Glück, die besonders köstlichen Zitronen von Menton zu bekommen. Auch finden sich in den Gärten noch vielfach alte Zitronenbäume, wie hier in der Bastide Saint-Antoine. Andernorts muss man auf Zitronen aus ökologischem Anbau zurückgreifen, da alle anderen nach der Ernte zur Verlängerung der Haltbarkeit behandelt werden. Um ihr Aussehen zu verschönern, werden sie gewachst. Wer seine Gerichte nicht verderben möchte, sollte auf derlei Zitronen verzichten.

Escoffiers provenzalische Wurzeln

Die englische Feinschmeckerin Elizabeth David beschreibt, wie der junge Meisterkoch Auguste Escoffier (1846 – 1935), ausgehend von einem bäuerlichen Gericht aus seiner Kindheit, ein neues, der höchsten Kochkunst würdiges Rezept ersann. Die Mutter des zukünftigen Meisterkochs hatte häufig für die ganze Familie anstelle der mehrgängigen französischen Mahlzeit einen schlichten provenzalischen Tian mit Kartoffeln und Artischocken bereitet, den sie mit einer Hand voll schwarzer Oliven und einigen Feigen servierte. Der Sohn, mittlerweile ein großer Küchenchef in Paris und London, griff das Rezept jenes Tians wieder auf, änderte ihn jedoch den Wünschen seiner Klientel entsprechend etwas ab: Er ersetzte das Olivenöl durch Butter und etwas Bratenfond, ließ Knoblauch und Thymian weg und ergänzte stattdessen Trüffeln, die sein anspruchsvolles Publikum sehr goutierte. So wurde das ursprüngliche Hauptgericht nach und nach zur Beilage einer von ihm neu kreierten Spezialität, dem *Carré d'agneau Mistral* (»Lammfilet Mistral«).

Die Schilderung Elizabeth Davids trifft auch im Falle der *artichauts à la barigoule* (junge, gedünstete Artischocken) zu, ein Gemüse, das Escoffier häufig in seinen Menüs aufnahm. Im bäuerlichen Milieu einfach überbacken oder als Gemüseragout zubereitet, wurden Artischocken nach René Jouveaus *La Cuisine provençale de tradition populaire* (»Die traditionelle provenzalische Küche«) in der bürgerlichen Küche, wie sie Reboul gegen Ende des 19. Jahrhunderts in seiner *La Cuisinière provençale* (»Die provenzalische Köchin«) schildert, häufig mit einer Fleischfüllung versehen. Escoffier wiederum präsentiert in seiner *Art culinaire* (»Von der Kochkunst«) die gleichen Artischocken, gefüllt und in Bratenfond geschmort. In der heutigen Küche, die bestrebt ist, leichtere und gesündere Gerichte anzubieten, bereiten die jungen Köche ihre *barigoules* wieder ohne Farce und Bratenfond zu. Und sie kehren verstärkt zu rustikalen Zutaten wie Knoblauch, Thymian und Olivenöl zurück.

Diese Skizze der kulinarischen Entwicklung ist zwar exemplarisch, aber wohl auch etwas ungerecht gegenüber jenem Großmeister der Kochkunst, der ein wahrer Visionär war. Denn Auguste Escoffier machte sich zum Anwalt der Erzeugnisse seiner Provence und verlor seine Wurzeln niemals aus den Augen. Er begann seine Laufbahn im Jahre 1859 im Alter von dreizehn Jahren als Lehrling im Restaurant »Français« in Nizza, das von seinem Onkel geführt wurde. Fünfzig Jahre später konnte er sein Jubiläum als Koch feiern. Dazwischen hatte der Sohn eines Hufschmieds die *Haute Cuisine* (die Hohe Schule des Kochens) erfunden, ein Reich, in dem man als Koch den Status eines Stars erlangen konnte.

Während seiner gesamten glänzenden Laufbahn ergriff er die Partei des Knoblauchs, der zu jener Zeit »Gegenstand einer unerklärlichen Missachtung« war. Er schrieb, »es wäre ein Fehler und Ketzerei, wollte man sich ein so notwendiges Aroma vorenthalten, nur weil es einen Namen trägt – *ail* –, der aufgrund alter Vorurteile verdächtig klingt. Würde es mit einem anderen und angenehmeren Namen bedacht, wären die schönsten Frauen der Welt ganz verrückt danach!«

Oben:
Im Musée Escoffier sind amüsante Erinnerungsstücke erhalten.

Der große Küchenchef war im Übrigen auch sehr findig bei der Suche nach den besten Erzeugnissen seiner Region. Für seine Nachtischkreation *pêche Melba* wird er unvergessen bleiben – eine Komposition, die zu Ehren einer Sängerin gleichen Namens benannt wurde und deren Hauptzutat frische, wunderbar reife Pfirsiche sind. Nach diesem Erfolg interessierte sich Escoffier verstärkt für den Anbau und Vertrieb dieser Früchte, die er zunächst in Montreuil kennen gelernt hatte. Seine Nachforschungen ließen ihn eine Sorte entdecken, die im Rhône-Tal angebaut wurde und mit der ihm erste Konservierungsversuche gelangen. Auf diese Weise verarbeitete er 1911 etwa 15.000 Pfirsiche, 1914, vor Beginn des Krieges, waren es bereits 100.000. Der Einfallsreichtum des großen Küchenchefs war eben in geschäftlichen Dingen ebenso rege wie am Herd!

Auch für den Vertrieb von Spargel konnte Escoffier sich erwärmen. Er hatte bemerkt, dass der alte Baron Rothschild, wenn er in Monte Carlo dinierte, den grünen Spargel bevorzugte – genau wie die Engländer im Londoner Savoy. Um die Nachfrage zu befriedigen, bestellte Escoffier als Einzelner bereits eine derartige Menge, dass die Preise in die Höhe schnellten. So beschloss der Meisterkoch, sich in das südlich des Lubéron gelegene Dorf Lauris zu begeben, wo er in einem kleinen Café den wichtigsten Erzeugern der Region vorschlug, den berühmten grünen Spargel anzubauen. Die alten Bauern lehnten zunächst mit der Begründung ab, die althergebrachten Anbaumethoden ließen sich nicht ändern. Doch einer der jungen Erzeuger war bereit, für dieses Abenteuer einen Teil seiner Ernte zu riskieren. Der anschließende Erfolg sollte alle Erwartungen übersteigen ...

Das größte Abenteuer Escoffiers war vielleicht die Erfindung der Dosentomate, der *tomate concassée*. In seinen *Souvenirs* (»Erinnerungen«) erzählt er, dass sich Tomaten im Jahre 1892 lediglich püriert, sterilisiert und in Champagnerflaschen abgefüllt gut konservieren ließen. Nach fünfzehn Jahren der Versuche war der Meisterkoch in der Lage, 2.000 Dosen zu produzieren, die auf direktem Wege dem Savoy geliefert wurden. Wie wir wissen, folgten Italien und Amerika bald seinem Beispiel – mit durchschlagendem Erfolg! Auf der Grundlage seiner eigenen Rezepte beteiligte sich Escoffier auch bis 1914 an der industriellen Herstellung von *pickles* (eingelegtem Gemüse).

Rechts:
In Escoffiers Geburtshaus in Villeneuve-Loubet sehen wir dem großen Meisterkoch über die Schulter.

1920 verabschiedete er sich aus dem Arbeitsleben und kehrte zu seiner Familie und zur »belebenden Sonne der Riviera« zurück. Bis zum Schluss blieb er überzeugt, dass »der französische Boden das Privileg besitzt, auf natürliche Weise und in großer Fülle die besten Gemüse, die besten Früchte und den besten Wein der Welt hervorzubringen«. So blieb dieser unvergleichliche *cuisinier*, der angetreten war, die Welt zu erobern, seinen französischen Wurzeln und insbesondere jenen seiner Provence immer treu.

CIRO'S

Dreierlei Spargel

mit Estragonvinaigrette

Zutaten für 4 Personen:

Für den Spargel:
6 Stangen Wildspargel
5 grüne Spargel
7 violette Spargel aus der Provence
½ EL fein gehackte Estragonblättchen
50 g Butter
1 TL Crème fraîche
Einige Tropfen Zitronensaft
Salz und Pfeffer

Für die beiden Coulis:
½ rote Gemüsepaprika
½ gelbe Gemüsepaprika
Salz

Zum Servieren:
20 ml Olivenöl
50 ml Balsamico-Essig

Der Spargel

Den Spargel nach Bedarf mit einem Sparschäler schälen, mit Bindfaden zu kleinen Bündeln zusammenbinden und 4–5 Minuten je nach Dicke und Qualität in kochendem Salzwasser (20 g Salz für 1 l Wasser) garen. Mit der Messerspitze überprüfen, ob der Spargel gar ist.
Den Spargel abgießen und zusammen mit 150 ml Wasser, der Butter, dem fein gehackten Estragon und einer Prise Pfeffer in eine Pfanne geben. Zum Kochen bringen, die Crème fraîche hinzufügen und 5 Minuten köcheln. Kurz vor dem Servieren den Spargel behutsam in der Pfanne wenden, damit er die Sauce gut annimmt, und den Zitronensaft angießen.

Die beiden Coulis

Die Gemüsepaprikas in dünne Streifen schneiden und 5 Minuten in kochendem Salzwasser (20 g Salz für 1 l Wasser) garen, abgießen und kurz unter kaltem Wasser abschrecken. Beide Paprikaschoten getrennt im Mixer pürieren.

Servieren

Den Spargel auf vorgewärmten Tellern anrichten, etwas Olivenöl angießen, gelben und roten Paprika-Coulis hinzugeben und mit einigen Tropfen Balsamico abrunden. Lauwarm servieren.

Tipp des Küchenchefs

Spargel wird immer in einer großen Menge Salzwasser gegart. Zuvor wird er nach Sorten gebündelt, an den Enden auf eine einheitliche Länge gestutzt und mit Zwirn oder Küchengarn vorsichtig zusammengehalten. Die Spargelenden werden für eine andere Verwendung, etwa Saucen oder Suppen, beiseite gelegt.

Dorade mit Fenchel, Zitrone
und glasierten Aprikosen

Zutaten für 4 Personen:

Für das Gemüse:
2 Fenchel
5 Aprikosen
2 EL Olivenöl
10 g Butter
Salz und Pfeffer

Für die Sauce:
120 g junge Zwiebeln
1 Knoblauchzehe
3 getrocknete Stängel Fenchelgrün
1 Prise gekörnte Qualitäts-Geflügelbouillon
2 EL Olivenöl

Für die Dorade:
4 küchenfertig vorbereitete Dorade-Filets
10 g Butter
1 EL Olivenöl
Einige Tropfen Zitronensaft
Salz und Pfeffer

Zum Servieren:
1 Hand voll Grün von Roter Bete
4 Fenchelblüten (oder andere aromatische Blüten, wie etwa Eisenkraut oder Rosmarin)
Einige unbehandelte Rosenblütenblätter

Das Gemüse

Den Fenchel waschen und in 5 mm feine Scheiben quer zur Faser schneiden, den harten Kern und mögliche harte Stellen entfernen. In einem großen Topf mit kochendem Salzwasser garen (20 g Salz für 1 l Wasser), in kaltes Wasser tauchen und unverzüglich abgießen.
Die entkernten Aprikosen vierteln und in 1 Esslöffel Olivenöl auf großer Flamme kurz anbraten, dabei einige Male wenden, sodass sie rasch von allen Seiten Farbe annehmen. Salzen, pfeffern und den Fenchel hinzugeben. Mit Butter und 1 Esslöffel Olivenöl abrunden.

Die Sauce

Olivenöl auf kleiner Flamme in einem kleinen Topf erhitzen, die geschälten und klein gehackten Zwiebeln, die geschälte und zerdrückte Knoblauchzehe und das Fenchelgrün hinzugeben. 1 Minute anschwitzen, ohne dass das Ganze Farbe annimmt. Mit der in 250 ml Wasser aufgelösten Geflügelbouillon ablöschen und zugedeckt 10 Minuten köcheln lassen. Die Sauce über die Aprikosen-Fenchel-Mischung geben und vor dem Servieren noch 1 Minute köcheln lassen.

Die Dorade

Die Dorade-Filets salzen und pfeffern und in einer beschichteten Pfanne in Olivenöl und Butter auf jeder Seite 2–3 Minuten anbraten. In einer beschichteten Form 4–5 Minuten bei 200 °C in den Ofen geben. Nach dem Garen jedes Filet mit einigen Tropfen Zitronensaft beträufeln.

Servieren

Auf jedem Teller einige Blätter der Roten Bete (gewaschen und in der Salatschleuder getrocknet) verteilen, etwas Aprikosen-Fenchel-Mischung darüber geben und je ein Fischfilet darauf platzieren. Die Sauce nochmals aufkochen lassen und die fein gehackten Rosenblütenblätter unterziehen. Die Filets mit der Sauce nappieren und mit Fenchelblüten dekorieren.

Tipp des Küchenchefs

Für dieses Rezept eignen sich am besten reife, aber feste Aprikosen, die auch nach dem Garen noch eine schöne Form besitzen. Falls keine Rosenblüten zur Hand sind, können auch kleine Blätter Chicorée verwendet werden.

Jacques Chibois empfiehlt

Sauer-süss und süss-sauer

In der provenzalischen Küche wird viel Zitrone verwendet, ist sie doch besonders geeignet, die Süße von Früchten und Gemüse hervorzuheben, die unter der Mittelmeersonne herangereift und deshalb reich an natürlichem Zucker sind. Die Mischung sauer-süß unterscheidet sich jedoch vom Süßsauren, wie es in den Küchen des Nordens und Ostens beliebt ist. Süßsaures entsteht zumeist auf der Grundlage von Essig. Zitronensaft stammt unmittelbar von der Frucht, während Essig mittels Hefen und Enzymen aus Äpfeln, Trauben oder anderen Früchten umgewandelt wurde. Beim Essig hat also eine Gärung stattgefunden, somit ist er einen weiteren Schritt von der frischen Frucht entfernt, und seine Essenz wird deutlich flüchtiger.

Ein Spritzer Zitrone auf einer Erdbeere intensiviert ihren Geschmack, da alle Früchte bereits Zitronensäure enthalten. Die Säure verstärkt die Aromen, überlagert sie jedoch nicht. Gibt man der Frucht hingegen die gleiche Menge Essig hinzu, so wird der Geschmack der Erdbeere von der Säure des Essigs kaschiert, die deutlich kräftiger ist und in der Nase sticht. Zum Schluss möchte ich noch den Balsamico-Essig erwähnen, der seit einiger Zeit sehr gern verwendet wird. Bei seiner Herstellung wird der zu Beginn enthaltene Alkohol verdampft, und der dickflüssigere Essig, der übrig bleibt, entwickelt sich mehr zum Zucker hin. Es entsteht ein Essignektar sanften, aromatischen Geschmacks, der weniger kräftig, aber auch weniger aggressiv ist als Essig.

Schmackhaftes Gemüse aus dem Var

Auf ihrem Gut »Les Olivades« im Hinterland westlich von Toulon haben sich Daniel und Denise Vuillon auf den Anbau »schmackhafter Tomaten« spezialisiert. Jener Tag im Jahre 1991, als ihnen der Vertreter eines benachbarten Einkaufszentrums erklärte, unter den Einkaufskriterien seines Unternehmens stünde der Geschmack an siebter Stelle, ist ihnen unvergessen geblieben. Entsprechend dieser Geschäftslogik könne ein Supermarkt auch kein Freilandgemüse anbieten, da dies nicht standardisiert sei. Daniel, der einer Familie entstammt, die seit Generationen Gemüse anbaut, hat sich entschlossen, andere Werte zu vertreten. Er widmet sich dem Anbau von qualitativ hochwertigem Gemüse und experimentiert mit alternativen Vertriebsmethoden. Unter seinen Bewunderern und Kunden findet sich eine große Zahl berühmter Küchenchefs aus Paris, Genf und dem Mittelmeerraum – Tendenz steigend.

Oben:
Eine derartige Vielfalt an Tomatensorten findet man nur in der handwerklichen Gemüsezucht.

Die Vuillons ziehen zwar auch zahlreiche »vergessene« oder regionale Sorten, doch richtet sich ihr Bemühen in erster Linie auf jene Sorten, die unabhängig von Herkunft oder Alter das beste Aroma besitzen. Zu den Tomaten, die sie besonders erfolgreich anbauen, zählen etwa 'Andine Cornue', 'Brandywine' (die Lieblingstomate der Briten) und 'Evergreen'. 'Noire de Russie' und 'Rose de Berne' werden häufig preisgekrönt bei den Verkostungen, die alljährlich im Rahmen des Tomatenfestes am letzten Samstag im Juli auf dem Gut »Les Olivades« stattfinden. Auch wenn die Vuillons keine Sammler sind, so ziehen sie zurzeit doch bis zu 110 Sorten und arbeiten eng mit der »Association Kokopelli« zusammen, die sich für den Erhalt von alten Gemüsesorten einsetzt und sie vor dem Aussterben bewahrt. Sie unterstützen den Gründer des Vereins, Dominique Guillet in seinem Kampf für eine Reform der drakonischen EU-Reglementierungen, die das Überleben traditioneller Sorten gefährden. »Kokopelli« setzt sich für den freien Handel von »Saatgut ohne Grenzen« ein und unterstützt die Bewegung zur Verteidigung der interkontinentalen Biodiversität. Der Verein stellt sich

Oben:
Das Gut »Les Olivades« ist von umstrittenen städtebaulichen Projekten bedroht.

gegen die multinationalen Großkonzerne, die das Angebot auf Hybriden oder sogar auf genetisch verändertes Saatgut beschränken.

Das Gut »Les Olivades«, seit über einem Jahrhundert in Familienbesitz, umfasst eine alte *bastide*, vier Hektar Freilandanbaufläche für Gemüse und anderthalb Hektar Gewächshäuser. Der Kalklehmboden ist manchmal schwer zu bearbeiten, doch verleiht er, im Gegensatz zu Schlammböden, den Erzeugnissen ein ausgeprägtes Aroma. Die Felder weisen eine besonders günstige Lage auf: Durch einen Hügel werden sie vor dem Mistral geschützt, der leicht abfallende Hang ist nach Südosten ausgerichtet. Sie werden durch den Canal de Provence auf natürliche Weise mit dem Wasser des Verdon versorgt, auf jeglichen Einsatz von Kunstdünger wird verzichtet. Die große Sorgfalt, die die Familie bei der Auswahl des Saatgutes und dem Unterhalt der Gewächshäuser walten lässt, führen zu Ernten von hervorragender Qualität.

Doch ist das Leben alles andere als einfach. Die Verlegung neuer Trassen für die TGV-Schnellzüge, die Errichtung einer Hochspannungsleitung und der Bau zahlreicher Einkaufszentren, die überall im Hinterland von Toulon entstehen, haben die meisten landwirtschaftlichen Betriebe in der Umgebung in den letzten Jahren zur Aufgabe gezwungen. Auch von den Flächen der »Olivades« wurden bereits dreieinhalb Hektar enteignet. Zurzeit wird die grüne Insel von dem Vorhaben eines Straßenbahndepots bedroht. Denise zeigt sich erstaunt: Wenn die Stadte doch allerorten völlig neue pädagogische Landwirtschaftsbetriebe und Ökomuseen errichten, warum ist man im Großraum Toulon dann nicht bemüht und stolz, dieses wertvolle und authentische Zeugnis des ehemaligen Grüngürtels der Stadt zu erhalten? Doch steht Nostalgie nicht auf der Tagesordnung. Die Vuillons wollen ihren Teil zur Zukunft beitragen. Durch ihre Tochter, Edith Bramerie, die lange Zeit als Architektin in Manhattan tätig war, haben sie die »Community Supported Agriculture« kennen gelernt. Dabei handelt es sich um eine alternative, direkte Form des Vermarktens, die von kleinen Erzeugern entwickelt wurde und sich

direkt an die Verbraucher richtet. Damit verteidigen die Vuillons gleichermaßen ihren Beruf und die Existenz ihrer Gemüseanbauflächen in Stadtnähe. Das Funktionsprinzip ist denkbar einfach: Der Landwirt verkauft sein Gemüse an so genannte »Anteilseigner« aus der Stadt, die sich im Vorfeld bereit erklärt haben, einen Teil der jährlichen Produktion zu erwerben. So erhalten die Stadtbewohner wöchentlich eine Lieferung frischer und qualitativ hochwertiger Erzeugnisse, eventueller Überschuss wird an karitative Einrichtungen verteilt. In Frankreich wird dieses alternative Wirtschaftssystem von der Vereinigung für den Erhalt der bäuerlichen Landwirtschaft (AMAP) betrieben. Diese Vermarktungsform hat sich, zum Teil mit Hilfe der Vuillons, zunächst in der Provence entwickelt und sich dann allmählich auch in anderen Regionen etabliert. So versteht sich das Gut »Les Olivades« als Beispiel einer einfallsreichen »Globalisierung«, die zutiefst in ihrem *terroir* verankert ist. Die Vuillons möchten der Vereinheitlichung eine Artenvielfalt entgegensetzen und die räumliche Nähe von Produzenten und Konsumenten verteidigen.

Rechts:
Die Vuillons ziehen auch verschiedene Kräuter, wie etwa diese Basilikumsorten.

Diese Entscheidung führt gelegentlich zu angenehmen Überraschungen. So sind die einzelnen Anbauflächen der »Olivades« von Riesenschilf (*Arundo donax*) umgeben, das ursprünglich als Windschutz gesetzt worden war. Zufälligerweise wächst die Pflanze an den Küsten des Var jedoch in einer Form, die sich besonders gut für die Herstellung von Rohrblättern für Saxofone, Oboen und Klarinetten eignet. Und auch dies sieht Daniel Vuillon als Werk »des *terroir*, der Handschrift des Bodens«. Die Arbeit der Vuillons zeigt, dass der Fortschritt heute in völligem Einklang mit dem Bemühen um den Geschmack, die Vielfalt und die Qualität eines Produktes einhergehen kann.

Minestrone aus frischen Früchten und Gemüsen mit Olivenöl-Givré

Zutaten für 4 Personen:

Für das Olivenöl-Givré:
120 ml mildes Olivenöl
1/2 EL Zucker

Für die Minestrone:
60 g Möhre
60 g Zucchini
60 g Fenchel
80 g Zucker
3 Vanilleschoten
1 l Mineralwasser
8 Basilikumblätter
1 Kiwi
1/2 Mango
180 g Erdbeeren
Saft und Schale einer unbehandelten Limette

Die Minestrone

Möhre, Zucchini und Fenchel waschen und in 1 cm große Würfel zerkleinern. Einzeln in 1 l desselben kochenden Salzwassers (mit 10 g Salz) jeweils 1–3 Minuten garen: zuerst die Zucchini, dann den Fenchel und zum Schluss die Möhre. Das Gemüse soll noch leichten Biss haben. Mit kaltem Wasser abspülen, abtropfen lassen und vermischen.
Das Mineralwasser in einem kleinen Topf mit dem Zucker und den der Länge nach aufgeschlitzten Vanilleschoten zum Kochen bringen. 5 Minuten auf kleiner Flamme köcheln lassen. Das Vanillemark mit einem Messer herauskratzen und dieses ohne die Schoten wieder zum Zuckerwasser geben. Die fein gehackten Basilikumblätter und die Gemüse hinzugeben, abkühlen und 1–2 Stunden im Kühlschrank ziehen lassen. Die Kiwi und die halbe Mango schälen und in 5 mm kleine Würfel schneiden. Die Erdbeeren und alle Früchte mit dem Gemüse vermischen. Die äußerst fein geriebene Limettenschale hinzufügen, wie auch den Limettensaft und alles nochmals im Kühlschrank ruhen lassen.

Das Olivenöl-Givré

Olivenöl, Zucker und einen halben Esslöffel Wasser sorgfältig vermischen. Die Mischung in eine Eiswürfelform geben, jeden Würfel 5 mm hoch gefüllt, und im Tiefkühlfach aushärten lassen.

Servieren

Die Minestrone in gekühlten tiefen Tellern servieren und je ein bis zwei gefrorene Olivenöl-Pastillen hinzufügen.

Tipp des Küchenchefs

Die tiefen Teller vor dem Servieren mehrere Stunden im Tiefkühlfach kühlen.

Olivenöl, einst und heute

Das Dorf Spéracèdes liegt in den Voralpen westlich von Grasse in reizvoller Hanglage. Die Familie Baussy besitzt dort zwei Ölmühlen. Die alte Ölmühle, einst die herrschaftliche Mühle des Dorfes, ist nicht mehr in Betrieb, die so genannte »moderne« im unteren Teil des Dorfes ist soeben hundert Jahre alt geworden. Sie ist jedoch auf dem neuesten Stand: kein Mahlstein mehr, keine übereinander gestapelten Pressmatten aus Kokosfasern und keine einzige Olivenpresse mehr, sondern eine Reihe von Knetmaschinen aus Stahl, die eine den EU-Normen entsprechende, schnelle Gewinnung des Olivenöls durch Zentrifugieren ermöglichen. Die Baussys, aus Vence und Tourrettes-sur-Loup stammend und seit dem 13. Jahrhundert in der Region ansässig, sind seit mehreren Generationen Produzenten von Olivenöl und verlieren die Zukunft nicht aus den Augen.

Jacques Chibois, selbst Kunde in der Ölmühle der Baussys, schätzt ihre modernen Herstellungsmethoden. »Dank der neuen Verfahren leidet die Olive nicht. Die Ölgewinnung geschieht sehr schnell. Früher wurde beim Zermahlen der Oliven Wasser hinzugefügt, so entstand ein Olivenbrei, der anschließend gepresst wurde. Durch diese Verfahren verlängerte sich die Zeit, in der die Oliven Kontakt mit der Luft hatten. Auch konnte man sich glücklich schätzen, wenn man eine saubere Mühle erwischte! Wenn der Besitzer seine Geräte nicht nach jedem Pressen reinigte, konnte derjenige, der nach einem Kunden kam, dessen Lieferung verfaulte Oliven enthielt, sicher sein, dass sein Öl auch verdorben sein würde. Heute kann in Spéracèdes jeder, der eine Ernte von mindestens achtzig Kilo Oliven liefert, mit der Ölmühle einen Termin vereinbaren und weniger als zwei Stunden nach der Anlieferung das fertige Öl abholen. Seine Oliven werden mit Sicherheit nicht mit denen eines anderen Erzeugers vermischt, da die übereinander angeordneten Knetmaschinen die gleichzeitige Bearbeitung mehrerer Chargen ermöglichen, ohne diese zu vermischen. Es gibt kein Warten mehr, keine Erwärmung der Oliven und keinen Verlust.«

Die Mühle ist von November bis April in Betrieb. Die dort verarbeiteten Früchte stammen zur Hälfte aus dem Département Alpes-Maritimes, das fruchtbare Böden besitzt und Olivenbäume, die mehrere hundert Jahre alt sind. Die andere Hälfte der Oliven stammt aus dem benachbarten Var, dessen ausgedehnte ebene Flächen sich zwar eher für den Weinbau eignen, jedoch auch die Anlage weiterer Olivenhaine ermöglichen. Ein Kunde der Mühle hat dort vor kurzem mithilfe von EU-Zuschüssen achttausend Olivenbäume gesetzt.

Für ihr eigenes Öl, das unter dem Gütesiegel AOC Moulin de Spéracèdes vertrieben wird, vermischen die Baussys mehrere Olivensorten. In erster Linie schätzen sie die 'Cailletier' der Seealpen, die von hohen schlanken Bäumen stammt. Es ist eine aromatische, doch eher milde Olive, die die Baussys in höher gelegenen Anbaugebieten einkaufen, dort, wo eine Schädlingsbekämpfung nicht erforderlich ist. Um ihrem Erzeugnis etwas »Charakter« zu verleihen, geben sie ihm anschließend etwas »feurigere« Sorten hinzu: die 'Picholine' aus Les Baux und die dicke 'Aglandau' aus der Haute Provence.

Die Umweltverschmutzung war immer ein großes Problem bei der Olivenöl-Produktion: Da Oliven zu 50 % aus Wasser bestehen, haben die Hersteller zwanzig Jahre lang aufgrund der Abwasserentsorgung eine Umweltabgabe entrichten müssen. Die gute Nachricht lautet heute, dass dieses gefärbte, aber »natürliche« Wasser als Dünger wieder verwertet werden kann. Darüber hinaus ist es dem Laboratorium eines Parfümeurs aus Grasse (in dem eine Schwester der Baussys arbeitet) gelungen, die Flüssigkeit in ein wertvolles Antioxidans für die Nahrungsmittelindustrie umzuwandeln. Die Familie Baussy ist stolz auf ihr Erbe und zugleich glücklich über den technischen Fortschritt, den sie sich zu Nutzen machen konnte. Einer der Söhne bringt es auf den Punkt: »Man wird hier hineingeboren und

wenn man diesen Duft einatmet, erliegt man ihm einfach …« Einer seiner Brüder vertritt den Fami - lienbetrieb auf Messen. Er hat zu Demonstrationszwecken eine kleine Ölmühle gebaut und führt den Besuchern damit vor, wie in seinem Betrieb Olivenöl hergestellt wird. Die moderne Ölmühle von Spéracèdes kann von Kindern aus den umliegenden Schulen besichtigt werden, und die alte Mühle des Schlosses soll demnächst zu einem Freilichtmuseum umgestaltet werden.

Jacques Chibois teilt die Leidenschaft der Baussys. Seine Bastide Saint-Antoine besitzt einige Hunderte Olivenbäume, von denen zweihundert (der Sorte 'Cailletier') auch Erträge liefern. In der Bastide werden die Oliven in unterschiedlichen Reifestadien gepflückt. Die erste Ernte erfolgt, wenn die Oliven noch grün sind und gerade ins Kastanienbraune wechseln. Bei der zweiten Ernte werden sie halb grün, halb schwarz gepflückt, bei der letzten schließlich sind sie fast alle ganz schwarz. Dies bietet drei Reifestadien und damit unterschiedliche Ölqualitäten, die von sehr fruchtigem bis zu sehr süßem Öl reichen. Auf dieser Grundlage kann der Küchenchef nun verschiedene Mischungen herstellen – die eine weist etwa eine ausgeprägte Note von Artischocken auf, die andere ein zartes Mandelaroma.

Oben:
Schon Renoir bewunderte das Blattwerk des Olivenbaums, »traurig bei grauem Wetter, klangvoll bei Sonnenschein und silbrig leuchtend bei Wind.«

Rechts:
Der geheimnisvolle Augenblick, wenn die Frucht zu Öl wird.

Der köstliche Geschmack von Olivenöl wird durch seine wohltuende Wirkung auf die Gesundheit ergänzt. Heute ist dieses Wissen sehr weit verbreitet, und es fällt schwer zu glauben, dass der Olivenbaum von Besuchern aus dem Norden lange Zeit missachtet wurde. Stendhal ließ sich sogar zu der Behauptung hinreißen: »Es gibt auf der Welt keine hässlicheren Bäume. Sie wirken immer klapprig und amputiert.« Mittlerweile ist der Baum zum Symbol eines sich erneuernden mediterranen Erbes geworden. Zwar werden nur 5 % des in Frankreich konsumierten Olivenöls im Land selbst erzeugt. Da sich das Öl jedoch in ganz Europa immer größerer Beliebtheit erfreut, scheint dessen Produktion eine glänzende Zukunft bevorzustehen.

Artischocken mit Steinpilzen
und Parmesanspänen

Zutaten für 4 Personen:

Für das Gemüse:
8 kleine junge Artischocken
450 g Steinpilze
3 EL Olivenöl
20 g Butter
Saft einer 1/2 Zitrone
1 Knoblauchzehe
200 ml Geflügelbouillon
1 EL Sahne
1 EL trockener Weißwein
3 Stängel glatte Petersilie
Salz und Pfeffer

Zum Servieren:
50 g Parmesan

Das Gemüse
Den Stiel der Steinpilze am unteren Ende bürsten und unter Wasser abspülen. Die Pilze in 5 mm dicke Scheiben schneiden und in einer beschichteten Pfanne in 1 Esslöffel Olivenöl und der Butter anbraten. Wenn sie eine schöne goldgelbe Farbe angenommen haben, auf einem Teller im ausgeschalteten, aber noch warmen Backofen beiseite stellen.
Die Blätter der Artischocken entfernen und den Boden mit 5 cm des Stiels auslösen, mit Zitronensaft beträufeln und mit etwas Wasser, Salz und Pfeffer sowie 1 Esslöffel Olivenöl in einen kleinen Topf geben. Zugedeckt 15 Minuten garen. Das Wasser abgießen und die Artischockenböden in einer Pfanne mit 1 Esslöffel Olivenöl und der geschälten und zerdrückten Knoblauchzehe goldbraun anbraten.
Steinpilze und Artischockenböden in einem Schmortopf vermischen, die Geflügelbouillon angießen. Zum Kochen bringen und 2 Minuten köcheln lassen. Sahne und Weißwein angießen, salzen, pfeffern und mit klein gehackter Petersilie bestreuen.

Servieren
Die Artischocken in tiefen Tellern anrichten, die Steinpilze darum garnieren und mit der Sauce aus dem Schmortopf nappieren. Den Parmesan mit einem Sparschäler hobeln und über die Artischocken verteilen. Heiß servieren.

Tipp des Küchenchefs
Die Steinpilze nach und nach salzen, dabei jedes Mal abschmecken. Damit sie eine schöne Farbe annehmen, kann etwas zusätzliches Olivenöl ergänzt werden. Gegen Ende der Garzeit und vor dem Bereiten der Sauce können sie dann abgegossen werden.

Gebratener Petersfisch
mit Selleriesauce und kleinen Artischocken

Zutaten für 4 Personen:

Für das Gemüse:
12 kleine junge Artischocken
1 Zwiebel
1 EL Olivenöl
1 Knoblauchzehe
1 Stangensellerie
Saft von 1 ½ Zitronen
Einige Tropfen Pastis
2 EL Weißwein
Salz und Pfeffer

Für die Sauce:
6 Sellerieblätter
1 EL abgeriebene Schale
einer unbehandelten Zitrone
10 g weiche Butter
2 EL Olivenöl
Einige Tropfen Zitronensaft
Salz und Pfeffer

Für den Petersfisch:
4 schöne Petersfischfilets,
von den Gräten gelöst und gehäutet
10 g Butter
1 EL Olivenöl
Einige Spritzer Zitronensaft
Salz und Pfeffer

Zum Servieren:
4 Sellerieblätter
12 schwarze Nizza-Oliven

Die Gemüse

Die Blätter der Artischocken entfernen, die Böden mit 5 cm des Stiels auslösen und mit etwas Zitronensaft beträufeln. Die geschälte, klein gehackte Zwiebel in Olivenöl anschwitzen, die geschälte und zerdrückte Knoblauchzehe hinzufügen, dann die Artischockenböden. Den klein gehackten Stängel Sellerie, Weißwein, Pastis und den restlichen Zitronensaft ergänzen. Salzen und pfeffern und 15 Minuten auf kleiner Flamme köcheln. Die Artischocken im Sud beiseite stellen und erst kurz vor dem Servieren abgießen.

Die Sauce

Etwa 150 ml des Artischockensuds mit den gewaschenen und in der Salatschleuder getrockneten Sellerieblättern, der Zitronenschale, Olivenöl, Butter, Salz und Pfeffer im Mixer pürieren. Die Sauce durch ein feines Sieb streichen, in einen Topf gießen, kurz aufkochen lassen und vom Herd nehmen. Abschmecken und bei Bedarf Zitronensaft angießen.

Der Petersfisch

Die Petersfischfilets salzen und pfeffern. Mit Olivenöl und Butter in eine beschichtete Pfanne geben. Die Pfanne auf kleiner Flamme erhitzen und die Hitze allmählich steigern. Die Filets ein bis zweimal wenden. Wenn der Petersfisch nach Ihrem Geschmack gegart ist, etwas Zitronensaft angießen.

Servieren

Den Boden jedes Tellers mit Sauce nappieren. Darin je zwei Artischocken und ein Petersfischfilet anrichten. Darüber die restlichen Artischocken, in feinste Scheiben geschnitten, garnieren. Mit schwarzen Oliven und kleinen zarten, gut gewaschenen und geschleuderten Sellerieblättern dekorieren.

Tipp des Küchenchefs

Um dem Rezept ein angenehmes Gleichgewicht zu verleihen, werden schöne, zartgrüne Sellerieblätter ausgewählt: Sie ergeben eine zurückhaltende aromatische Sauce, die sich nicht aufdrängt. Der Petersfisch wird mit besonderer Aufmerksamkeit gegart: Indem der Garvorgang bei kleiner Flamme beginnt, die allmählich gesteigert wird, bleibt das Fleisch des Fisches zart und saftig.

Jacques Chibois empfiehlt

Vom Knoblauchöl

Ich verwende Knoblauch überwiegend wegen seines Duftes, weniger wegen seines Geschmacks: Man sollte immer über den Duft zum Geschmack gelangen und nicht umgekehrt. Wenn man rohen Knoblauch isst, nimmt man gleichzeitig den Geschmack und den Duft wahr, doch hält sich der Duft, nachdem der Geschmack bereits abgeklungen ist, sehr hartnäckig, was äußerst unangenehm sein kann. Außerdem oxidiert roher Knoblauch, wie auch rohe Zwiebeln, bereits zehn Minuten nach dem Aufschneiden und wird dann ungenießbar. Durch die Verwendung von Knoblauchöl können diese negativen Auswirkungen vermieden werden.

Zur Bereitung von Knoblauchöl nimmt man ein möglichst neutrales Öl, etwa Erdnussöl. Dieses wird im Mixer mit dem rohen Knoblauch zu einem Brei vermischt und dann auf kleiner Flamme 15–20 Minuten erhitzt, ohne es jemals zum Kochen zu bringen. Auf diese Weise wird die Mischung haltbar gemacht, und das Oxidieren wird vermieden. Nach diesem Erhitzen sind Gärung oder Oxidation unmöglich, und der Duft ist festgehalten. Anschließend wird das Öl durch ein Sieb gefiltert und somit wieder vom Knoblauch getrennt.

Knoblauchöl wird dem Gericht erst kurz vor dem Servieren beigegeben und verleiht diesem unverzüglich den Duft des Knoblauchs und durch den Duft auch den Geschmack, ohne dass die geringste Beeinträchtigung stattfindet.

Französische Familienküche

Oben:
Was wäre die beste Küchenausstattung ohne das Gespür der Köchin?

Große Küchenchefs entfalten ihr originelles Talent häufig schon in der Familie. So auch Jacques Chibois: Als er zehn Jahre alt war, zogen seine Eltern nach Limoges, da sein Vater, von Beruf Müller, eine Mehlstauballergie entwickelt hatte. Um die Familie zu ernähren, eröffnete seine Mutter ein Bistro. Sie servierte dort mit großem Erfolg ländliche Gerichte, und Jacques ging ihr von klein auf zur Hand. Eine derartige Familienküche – meist die traditionelle Küche der französischen Hausfrau und eng verknüpft mit den regionalen Produkten – erfreut sich heute wieder großer Beliebtheit. In der Provence setzen sich zahlreiche Vereine für den Erhalt dieser kulinarischen Tradition ein. Die Zielgruppe, die hier angesprochen werden soll, sind weniger Touristen als vielmehr die in der Nähe wohnenden Anhänger dieser Küche, die ihr eigenes kulinarisches Erbe wieder entdecken möchten. Indem die Vereine ein größeres Publikum mit den qualitativ hochwertigen Produkten der heimischen Landwirtschaft bekannt machen, tragen sie auch zu deren Überleben bei.

Im Département Var organisieren *Les Amis de la Cuisine*, die »Freunde der Kochkunst«, bereits seit zwanzig Jahren zwei- bis dreitägige Workshops in einem kleinen Haus, das sie bei der Gemeinde La Roquebrussane anmieten. Hier lernt man die Zubereitung von *morue en raïto* (eine Stockfischspezialität) oder *panais au gratin* (gratinierte Pastinaken). »Wir verwenden keine Methoden aus der Schule der Profiköche, sondern jene unserer Mütter«, erklärt die Präsidentin des Verbandes, Madame Caulet. Die ehrenamtlichen Mitarbeiter, die die Workshops begleiten, sollen »nicht nur die Gerichte erläutern, sondern auch Informationen zu deren kulturellem Hintergrund liefern«, wie etwa Myriam Desestries, die sich hervorragend mit der Verwendung von Heilkräutern auskennt. Der Verband hält daran fest, jene sehr persönliche Gastlichkeit zu erhalten, die von ihren Mitgliedern so überaus geschätzt wird. Im Sommer kommen die Besucher aus Japan, Deutschland und allen Regionen Frankreichs.

N° 24. — 1re Année. Le Numéro : 5 Centimes Dimanche 3 Décembre 1905.

LA CUISINE DES FAMILLES

RECUEIL HEBDOMADAIRE
de Recettes d'Actualité très clairement expliquées, très faciles à exécuter
Rédactrice en chef : Mme JEANNE SAVARIN

M. THIERS ET LA BRANDADE DÉFENDUE

Seuls, sans témoins, les deux vieux amis, Thiers et Mignet, se régalaient de la fameuse brandade, sévèrement prohibée par ordonnance des médecins. Mme Thiers, qui les croyait occupés à quelque travail important et sérieux, fut bien étonnée, quand un jour elle les prit en flagrant délit. — Voir l'anecdote et la recette dans ce numéro.

SOMMAIRE DU NUMÉRO. — Notre Concours : distribution des prix (fin). — Menus du Dimanche. *Déjeuner* : crevettes sautées à la normande; brandade de morue; escalopes de porc frais grillées; camembert à l'anglaise; figues sèches aux noix, accompagnées de grenades. *Dîner* : soupe ox-tail; barbue à la sauce ivoire; côtelettes de veau à la Talleyrand; albran rôti (petit canard sauvage); céleris-raves à la crème; gâteau Vert-Vert. — **Lunch d'Enfants** : chocolat au lait; brioches; diablotins aux amandes; petits-fours navettes; boules de neige. — Recettes régionales : lièvre à la royale, selon la mode du Périgord. — Apprêts de truffes (suite) : truffes au madère; truffes à l'italienne; truffes en bateaux. — Recettes ménagères : crème d'avoine au bouillon (potage); bœuf bouilli en sauce piquante.

Oben:
Eine Karikatur vergangener Tage.

In der Vaucluse haben sich in dem Verein *Accueil en Provence paysanne*, »Freunde der ländlichen Provence«, neunzehn Landwirte in einem Zentrum für Landwirtschaftstechnik zusammengeschlossen. Wer eine Mitgliedschaft anstrebt, kann im Rahmen einer Fortbildung, die sich über fünf Jahre erstreckt und unter anderem zwei Kochkurse (15 Tage pro Jahr jeden Winter) umfasst, das eigene Erbe kennen lernen oder auch wieder entdecken. Die Vorsitzende Sylvette Mouries erläutert: »Es wird besonders Wert darauf gelegt, dass die Gäste auf dem Hof einfach und offen empfangen und ihnen die Erzeugnisse der Region näher gebracht werden.« Diese Bemühungen haben auch zur Entstehung eines Kochbuches geführt, *Recettes de Provence paysanne* (»Rezepte der ländlichen Provence«) mit einem Vorwort von Dr. Bernard Ély, einem angesehenen Kenner, der, lange bevor dies in Mode kam, bereits aus gesundheitlichen Gründen die provenzalische Küche empfahl.

Zu den Mitgliedern des *Accueil en Provence paysanne* zählen auch Guy und Paula Chauvin der Campagne Gerbaud in Lourmarin, die zunächst in der Stadt tätig waren, bis sie einen alten Bauernhof mit fünfundzwanzig Hektar Wildnis erbten. Heute ziehen sie dort Duftpflanzen, Heilpflanzen, Pflanzen zum Färben und kulinarische Pflanzen. Für Gruppen von mindestens zehn Personen bereiten sie auch landestypische Gerichte zu: Guy ist für das Herzhafte zuständig, Paula ist die Fachfrau für alles Süße. Umgesetzt werden die Rezepte des Buches ihres Vereins: Olivenbrot, Auberginenkonfitüre, Geflügelterrine mit Salbei, Tarte mit Tomaten. Nach einem Besuch der Gärten, wo der Besucher einiges über die jeweiligen Eigenschaften der Pflanzen wie auch über ihren Anbau erfährt, können die Kräuter auch vor Ort verkostet werden. Paula erläutert: »Früher wurden den Gerichten Kräuter beigegeben wegen ihrer medizinischen Eigenschaften. Heute gibt es Medikamente, und die Pflanzen werden meist nur wegen ihres Geschmacks ausgewählt. Früher war man in erster Linie auf den Erhalt der Gesundheit bedacht.«

Im Département Bouches-du-Rhône ist das *Conservatoire interdépartemental des cuisines méditerranéennes*, das »Interregionale Museum der Mittelmeerküche«, das der Handelskammer in Arles angegliedert ist, sehr aktiv. An Wochenenden werden dort für Hunderte von Anhängern der guten Küche kulinarische Workshops angeboten, die jeweils in einem anderen Dorf stattfinden. Dabei werden natürlich wieder die Erzeugnisse der Region besonders angepriesen: Reis aus der Camargue, aber ebenso Aal aus Vaccarès, alte Obstsorten und vieles mehr. Die Kurse werden in erster Linie von den Bewohnern der Region besucht – häufig mit der gesamten Familie –, doch der Kursleiter, Jean-Marx Biojoux, reist bis in die Türkei, um die Haselnüsse aus Arles zu präsentieren. Zu den Partnern des *Conservatoire* zählt der Verein *La Route des Épices*, »Die Gewürzstraße«, der vor fünfzehn Jahren von Philippe und Soraya Lagarrigue in Montpellier gegründet wurde. Auf der Grundlage von mehr als zweihundert Produkten bieten sie Kochkurse im kleineren Kreis an. Ihre Rezepte, wie auch jene der übrigen Vereine, lassen sich leicht umsetzen.

Seit dem Jahr 2002 dient den beiden letztgenannten Vereinen das Château de Rousty (zwischen Saint-Rémy-de-Provence und Tarascon) als Sitz ihres gemeinsamen Projektes: die Gründung einer »Schule des Olivenbaums«. Das reizvolle Gut besitzt eine beachtenswerte Ölmühle aus dem Jahr 1703. Die Nachfahren der Gründer der Mühle, Madame du Lac und ihre Tochter, lassen sie restaurieren und gleichzeitig für ihre eigene Ernte eine neue Mühle errichten. Ihre Erzeugnisse stammen aus ökologischem Anbau und tragen das Gütesiegel AOC Vallée des Baux de Provence.

Oben:
Es sind die Generationen von Müttern, denen die große Küche so viel verdankt.

Rechts:
Stößel und Mörser bleiben auch in der modernen Küche unersetzlich.

Jede Initiative hat ihre eigene Geschichte, Verwaltung und Kommunikation, doch verbindet die Organisatoren die Besorgnis gegenüber den Veränderungen, die sich auf das ländliche Leben unserer Zeit auswirken. Diese Freunde der Familienküche setzen sich dafür ein, dass die Vergangenheit auch in Zukunft bestehen kann.

Spanferkel
mit Wintergemüsen und Tonkabohnen-Sauce

Zutaten für 4 Personen:

Für das Gemüse:
200 g Möhren
200 g Kürbis
180 g weiße Rübchen
200 g Topinambur
20 g Butter
1 Prise Zimtpulver
1 Prise geriebene Tonkabohne
1 Prise geriebene Muskatnuss
Salz und Pfeffer

Für das Spanferkel:
1 vorbereitetes Karree vom Spanferkel (mit Bindfaden umwickelt)
240 ml Olivenöl
2 Knoblauchzehen
2 mittlere Zwiebeln
1 Kräuterbouquet (Lorbeer, Majoran oder Oregano, Rosmarin, Bohnenkraut und Thymian)
25 g weiche Butter
2 EL Honig
Salz und Pfeffer

Für die Sauce:
Einige Tropfen Zitronensaft
20 g Butter
1 Prise geriebene Tonkabohne

Zum Servieren:
1 TL helle Sesamsamen
1 TL Sonnenblumenkerne

Das Gemüse
Kürbis, Möhren, Rübchen und Topinambur schälen und waschen und in 2 mm feine Scheiben schneiden. Die Gemüse getrennt in Butter mit 2 Esslöffel Wasser, Salz und Pfeffer dünsten. Kürbis mit Zimt würzen, die Rübchen mit der geriebenen Muskatnuss und die Möhren mit der geriebenen Tonkabohne, der Topinambur bleibt ungewürzt.
In einer gebutterten Auflaufform aus Porzellan die abgekühlten Gemüsescheiben in mehreren Schichten nach Farben anordnen. Vor dem Servieren im Ofen mit 2 Esslöffeln Wasser aufwärmen.

Das Spanferkel

Den Ofen auf 150 °C vorheizen.
Das Karree vom Spanferkel salzen und pfeffern und in einem gusseisernen Topf in Olivenöl anbraten. Um das Fleisch herum das Kräuterbouquet, die Knoblauchzehen sowie die halbierten, ungeschälten Zwiebeln anrichten. Ein halbes Glas Wasser angießen, mit Alufolie bedecken und 2 Stunden in den Ofen geben.
Die Hitze auf 180 °C erhöhen. Die Butter mit dem Honig vermischen und die Oberseite des Spanferkels damit bestreichen. Weitere 30 Minuten zum Bräunen in den Ofen geben. Dann das Fleisch auf einem Teller in dem noch warmen Ofen ruhen lassen.

Die Sauce

Mit 1 Esslöffel Wasser den Bratenfond lösen und auf großer Flamme aufkochen lassen. Die Sauce abseihen, in einen Topf geben und bei geringer Hitze auf 150 ml reduzieren. Etwas Fett von oben abschöpfen. Die Sauce auf kleiner Flamme mit der geriebenen Tonkabohne, der Butter und dem Zitronensaft verrühren.

Servieren

Den Sesam in einer beschichteten Pfanne ohne Fett einen schönen Goldton annehmen lassen. Die Sonnenblumenkerne ebenso rösten.
Das Spanferkel in Scheiben schneiden, auf einem Servierteller anrichten und mit Sauce nappieren. Mit Sesam und Sonnenblumenkernen dekorieren. Die Gemüsescheiben um das Fleisch garnieren.

Tipp des Küchenchefs

Es sollte stets genug Wasser in dem gusseisernen Topf sein, damit der Bratenfond nicht ansetzt, sondern später eine gute Sauce ergibt.

Jacques Chibois empfiehlt

Zur Verwendung von Kräutern

Manche Kräuter lassen sich frisch und getrocknet einsetzen, so etwa Thymian, Lorbeer, Salbei, Oregano und Bohnenkraut, das in der Provence pèbre d'ail *heißt. Dennoch handelt es sich dabei um zwei verschiedene Dinge, denn die gleiche Pflanze (etwa Salbei) verleiht je nachdem, ob sie frisch oder getrocknet verwendet wird, ein völlig unterschiedliches Aroma.*

Bei Kräutern ist die richtige Lagerung ganz wesentlich: Sie sollten luft- und lichtgeschützt und vor allem trocken gelagert werden. Jegliche Feuchtigkeit verleiht ihnen sehr schnell einen leicht modrigen Beigeschmack. Beim Kauf getrockneter Kräuter ist darauf zu achten, dass sie nicht älter als sechs Monate sind, da sie sich darüber hinaus nur schlecht aufbewahren lassen.

Können in einem Gericht mehrere Kräuter kombiniert werden? Manche durchaus, andere nicht. Basilikum und Estragon harmonieren zum Beispiel nicht, Basilikum und Salbei hingegen sehr gut. Thymian neigt dazu, ein Gericht zu dominieren. Dennoch laden manche Gerichte zum Kombinieren ein, so etwa Pizza, die eher kräftige Geschmacksnoten erfordert. Ich persönlich ziehe es zumeist vor, nur mit einem Kraut zu würzen, zumal Kräuter aus Südfrankreich einen kräftigen Geschmack besitzen. An der Loire oder in Paris lassen sich Kräuter vermutlich besser kombinieren, da sie geschmacklich nicht so ausgeprägt sind – vergleichbar etwa mit Basilikum und Schnittlauch aus dem Gewächshaus, die im Winter angeboten werden und denen es an Geschmack mangelt. Ich lasse dann lieber frische Kräuter aus Marokko einfliegen, die in der Intensität den Sommerkräutern entsprechen. In der schlechten Jahreszeit empfehle ich vorzugsweise verschiedene Thymiansorten, Bohnenkraut, Rosmarin und Salbei, die den Gerichten allesamt ein äußerst angenehmes Aroma verleihen.

Schriftsteller als Gärtner um 1930

Die Mittelmeerküche, basierend auf Olivenöl, Gewürzen und frischem Gemüse, gilt heute als eine der gesündesten der Welt. Doch war dies nicht immer der Fall. Im Jahre 1928 notierte Colette amüsiert, kurz nachdem sie sich in Saint-Tropez in ihrer Villa *La Treille muscate* eingerichtet hatte, die typischen Vorurteile des damaligen Touristen: »›Dieses Land wäre hinreißend, wenn es nicht so warm und das Essen nicht so unmöglich wäre.‹ Allerorten verlangt [der Tourist] nach seinem Steak mit Pommes frites […], weist darauf hin, dass sein Magen keinen Knoblauch verträgt und sein Arzt ihm die Küche mit Olivenöl untersagt hätte.« Die Schriftstellerin steht hingegen im Morgengrauen auf, um ihren Garten, »geschmückt mit einigen Gemüsegrazien«, zu bewässern. Stolz verteidigt sie »die Wohltaten des Knoblauchs, die Transzendenz des Olivenöls und [die] Treue gegenüber den drei unzertrennlichen Gemüsen, kräftig in Farbe und Geschmack: die Aubergine, die Tomate und die Paprikaschote«.

Einige Jahre später ließ sich ein weiterer Schriftsteller an der Côte d'Azur im Hinterland von Nizza nieder: Ford Madox Ford, ein Engländer und Überlebender der Schützengräben des Ersten Weltkrieges. Seine Romane gelten bis heute als Klassiker. Zu Beginn der 1930er-Jahre betrachtete Ford Madox Ford die gesamte Provence als einen großen »Knoblauchgarten Eden« (*Eden Garlic Garden*), das Modell eines Paradiesgartens, in dem Pazifismus und Lebenskunst gleichermaßen hochgehalten werden. Er hatte den kosmopolitischen Glamour der Côte d'Azur bereits vor dem Krieg erlebt, als ihn ein Onkel häufig nach Monte Carlo mitnahm. Während seiner Genesungszeit in Cap-Martin zur Zeit des Krieges kam ihm die Lokalpolitik zugute, die den armen Frontsoldaten einen Wagen mit Chauffeur, einen Golfparcours, die besten Weine und einen privaten Koch zur Verfügung stellte. Schließlich hatte er in den Zwanzigerjahren Gelegenheit einen »pochierten Steinbutt nach Art der Prinzessin von Wales mit einer Sauce Escoffier« zu verkosten. Nach diesem Mahl musste er eine ganze Woche das Bett hüten …

Oben:
Im eigenen Gemüsegarten kann alles zur rechten Zeit geerntet werden.

Ford zieht es vor, ähnlich wie Colette, ein Leben zu führen, das zwischen dem Schreiben und der Gartenarbeit aufgeteilt ist. Er schreibt, »die Ess - gewohnheiten der Provenzalen sind heutzutage von einer überwiegend vegetarischen Ernährungsweise, ergänzt durch etwas Fisch, geprägt.« Als Beispiel nimmt er seine eigene Lebensweise: »Bei mir zu Hause esse ich wenig, so wenig, dass Menschen aus dem Norden kaum glauben können, dass ich auf diese Weise einen langen Tag des Schreibens und Gärtnerns bewältigen kann. Mittags einen Salat [...], abends 60 g Kalb- oder Lammfleisch, ein Gemüse aus dem Garten – Tomaten, Auberginen, Erbsen, Zuckerschoten, grüne Bohnen oder Sauerampfer – und ein Kompott oder etwas Konfitüre. Dennoch nehme ich nicht ab, was ich dem Olivenöl und den frischen Kräutern zuschreibe, die die Küche begleiten. Olivenöl ist bereits ein hinreichend nahrhaftes Lebensmittel, das zusammen mit den frischen Kräutern hilft, alle übrigen Zutaten gut zu verdauen.« Seine wohlwollenden, aber etwas beschränkten Nachbarn zeigen sich um ihn besorgt. Auf der einen Seite wohnt »ein hochherrschaftlicher französischer Herr vom Typ Ancien Régime, der eine Besessenheit für alles Englische zeigt, und auf der anderen Seite eine

Oben und rechts: Die Gemüse der Provence, so etwa Paprika und auch Zucchini und ihre Blüten, wurden keineswegs immer so geschätzt wie heute.

glitzernde Amerikanerin, etwa vergleichbar mit einer Herzogin, und deutschen Ursprungs.« Ford erzählt: »Die beiden nutzen meinen Garten als Abkürzung zur Straße und finden mich regelmäßig, in bäuerlicher Kleidung, beim Bewässern meiner Pflanzen vor. Der Franzose ist der Meinung, dass die Lebensweise der Provenzalen und ihre Küche schlichtweg barbarisch seien. Ich solle mir an ihm ein Beispiel nehmen und ausschließlich ungewürztes, blutiges Rindfleisch essen und allmorgendlich neun Loch Golf spielen. Ich schlage ihm vor, mit mir einen auf provenzalische Art gefüllten Kohl zu essen, wie ihn auch Cato bereits im alten Rom genossen habe. Meine freundliche Einladung kann er leider nicht annehmen, weil er einen Termin bei einem auf Verdauungsprobleme spezialisierten Internisten wahrzunehmen hat. Ich wende mich wieder meiner Arbeit zu und hebe gerade Bewässerungsgräben von den Melonen bis hin zu den Erbsen aus. Da vernehme ich einen sanften Seufzer: Ihre charmante Durchlaucht steht hinter mir. ›Man muss schon verrückt sein, wenn man im Süden Frankreichs gärtnert! Dieses Land ist doch subtropisch, genau, das ist es! Es sollte verboten werden!‹ Sie begutachtet meine Erbsen. ›Ich hätte gedacht, es sei unmöglich, so spät im Jahr noch Erbsen zu ziehen!‹, worauf sie mir ihre aus der Dose anbietet …
Natürlich war es die Zeit der großen Hitze. Ich war um fünf Uhr aufgestanden, hatte bis sieben den Boden bearbeitet, dann war es Zeit für einen Kaffee. Bis neun hatte ich gewässert, als die beiden Märtyrer der Verdauung mich im Garten vorgefunden hatten. Dann bis eins geschrieben. Ein Tomatensalat, Mittagsschlaf, dann einige Setzlinge Romana pikiert und ausgepflanzt …«

Seitdem haben sich die Sitten und Bräuche – kulinarisch wie auch medizinisch – grundsätzlich gewandelt, und die beiden Schriftsteller, die um 1930 für überaus exzentrisch gehalten wurden, verkörpern heute das Modell eines gesunden und glücklichen Lebens.

Salat von Pfifferlingen
mit frischen Mandeln und Creme von Entenleberpastete

Zutaten für 4 Personen:

Für das Gemüse:
80 g grüne Bohnen
1 runde Zucchini (aus der Provence)
500 g Pfifferlinge
1 Prise grobes Salz
Salz

Für die Vinaigrette:
1 TL Zitronensaft
4 EL Olivenöl
1 TL Haselnussöl
Einige Tropfen Balsamico-Essig
Salz und Pfeffer

Für die Creme von Entenleberpastete:
80 g Entenleberpastete, in der Terrine gegart
60 g Sahne (35 % Fett)
2 Blatt Gelatine, in Wasser eingeweicht
20 g schwarze Trüffeln
2 Tropfen Zitronensaft oder Essig
Salz und Pfeffer

Zum Servieren:
4 frische Mandeln
Einige Tropfen Olivenöl
Einige Tropfen Balsamico-Essig
10 unbehandelte Rosenblütenblätter aus dem Garten (oder Salatblätter, etwa Chicorée)

Das Gemüse
Die Enden der grünen Bohnen abschneiden und die Bohnen 10 Minuten in einem großen Topf mit kochendem Salzwasser garen (20 g Salz für 1 l Wasser), kurz in kaltes Wasser tauchen und abtropfen lassen.
Die Zucchini ungeschält in feine Scheiben schneiden und wie die grünen Bohnen in Salzwasser garen, sodass sie noch Biss haben.
Die Pfifferlinge putzen und vier bis fünf Mal waschen. 1 Esslöffel Wasser in einem Topf erhitzen und die Pfifferlinge mit dem groben Salz hineingeben. Zugedeckt 2 Minuten auf großer Flamme garen: Die Pfifferlinge sollten hierbei etwas zusammenschrumpfen. Abtropfen lassen. Bohnen, Zucchini und Pfifferlinge bis zum Servieren im Kühlschrank aufbewahren.

Die Vinaigrette
Den Zitronensaft mit etwas Salz und Pfeffer vermischen, dann das Olivenöl unterschlagen, anschließend das Haselnussöl und den Balsamico-Essig.

Die Creme von Entenleberpastete

Die Sahne steif schlagen, mit Salz und Pfeffer würzen. Die Entenleberpastete mit einem Spatel in einen Topf geben und bei geringer Hitze weich werden lassen, ohne sie ganz zu schmelzen. Die ausgedrückte Gelatine unterrühren und behutsam die Sahne unterheben. Die Trüffeln schälen und die fein gehackte Trüffelschale zusammen mit dem Zitronensaft oder Essig hinzufügen. Mindestens eine Stunde im Kühlschrank fest werden lassen.
Die geschälten Trüffeln in feine Scheiben schneiden und zum Servieren bereithalten.

Servieren

Die Mandeln aufbrechen, schälen und in feine Scheiben schneiden.
Pfifferlinge, grüne Bohnen und Zucchini getrennt mit der Vinaigrette vermischen. Zuerst die Zucchini fächerförmig anrichten, die Bohnen als kleine Pyramide darüber geben, in deren Mitte dann die Pfifferlinge platzieren. Mit einem Löffel ein Klößchen Entenpastetencreme formen und dieses auf dem Gemüse anrichten. Mit einigen feinen Trüffelscheiben abrunden.
Mit Rosenblütenblättern dekorieren. Auf jedes Blütenblatt einen Tropfen Olivenöl und einen Tropfen Balsamico-Essig geben. Mit Mandelscheiben bestreuen.
Den Salat gut gekühlt und unmittelbar nach dem Anrichten servieren, sodass die Gemüse angenehm knackig bleiben.

Tipp des Küchenchefs

Für dieses Rezept eignen sich kleine Pfifferlinge am besten: Sie garen schneller und sind fester. Statt der frischen Mandeln können auch abgezogene Mandeln verwendet werden, die 2 Minuten in etwas Sahne mit einem Tropfen Amaretto gegart wurden.

Fasan mit Walnüssen, Trüffeln und Granatapfelkernen

Zutaten für 4 Personen:

Für den Fasan:
2 Fasanenhühnchen, ausgenommen (jedoch mit der Leber)
20 g Butter
50 ml Olivenöl
Salz und Pfeffer

Für die Sauce:
2 Schalotten
1 Möhre
1 Scheibe Knollensellerie (50 g)
1 Knoblauchzehe
3 Wacholderbeeren
1 Thymianzweig
½ Lorbeerblatt
4 Scheiben getrocknete Steinpilze
2 Stängel getrockneter Fenchel
50 ml Marc de Provence
200 ml Weißwein
1 EL Olivenöl
50 g Entenleberpastete (Terrine oder Konserve)
1 EL Walnussöl
30 g schwarze Trüffeln

Für die Armen Ritter:
1 Trüffel à 30 g (davon einen Teil zum Servieren aufheben)
100 ml Sahne
20 g Butter
2 Scheiben Weißbrot
2 Eier
Salz und Pfeffer

Zum Servieren:
Etwas Butter
1 Granatapfel
Ein Dutzend frische Walnusskerne

Die Fasanenhühnchen

Den Ofen auf 220 °C vorheizen.
Die Fasanenhühnchen salzen, pfeffern und zusammenbinden. In einer gusseisernen Form auf dem Herd von allen Seiten in Olivenöl gut anbraten. Wenn sie schön Farbe angenommen haben, 14 Minuten in den Ofen geben. Dann den Ofen ausstellen, die Fasane in Alufolie wickeln und auf dem Ofenrost ruhen lassen. Wenn sie lauwarm sind, die Beine und die Brust ablösen.

Die Sauce

Die Fasanenbeine zerkleinern und zusammen mit den Schalotten, der Möhre und dem Sellerie, jeweils geschält und klein geschnitten, in der gusseisernen Form anbraten. Den Fenchel, die geschälte und zerdrückte Knoblauchzehe sowie den Thymianzweig und den Lorbeer, die Wacholderbeeren und die getrockneten Steinpilze hinzugeben. Das Ganze mit etwas Marc de Provence flambieren, Weißwein und 100 ml Wasser angießen und die Fasanenbeine 25 Minuten in der Sauce köcheln lassen.

Die Sauce abseihen und in einen Topf gießen, etwas Fett an der Oberfläche abschöpfen und bei geringer Hitze bis auf 120 ml reduzieren.
Die Fasanenlebern in einer Pfanne in Olivenöl anbraten. Wenn sie schön durch sind, zusammen mit der Entenleberpastete im Mixer fein pürieren. Ein Viertel der Mischung mit der Sauce verrühren. Einen weiteren Tropfen Marc de Provence hinzugeben und die Sauce durch ein sehr feines Sieb passieren. Das Walnussöl unterschlagen. Kurz vor dem Servieren die Sauce wieder erwärmen und die Trüffeln, in feine Scheiben geschnitten, hinzufügen.

Die Armen Ritter

Das Fleisch der Fasanenbeine von den Knochen lösen, klein hacken und dem restlichen Leberpüree mit 100 ml Sahne, 1 Esslöffel Sauce und einigen Trüffelscheiben beigeben. Das Weißbrot klein würfeln und mit 10 g Butter in der Pfanne rösten. Zusammen mit den verschlagenen Eiern, Salz und Pfeffer zu dem Fleischpüree geben.
10 g Butter in einer Pfanne von 18 cm Durchmesser zerlassen und die Mischung hineingeben. Die Armen Ritter bei geringer Hitze wie ein Omelett backen. Wenn sie gar sind, umgekehrt auf einen Teller stürzen und vierteln.

Servieren

Vor dem Servieren die Fasanenbrust 10 Minuten in einer gebutterten Form im Ofen bei 180 °C wieder aufwärmen. Dann die Filets mit einem spitzen Messer ablösen, dabei dem Brustbeinkamm folgen.
Die Haut der frischen Walnusskerne entfernen und die Granatapfelkerne voneinander trennen.
In jeden Teller ein Viertel der Armen Ritter geben, dann die Fasanenbrust. Die Granatapfelkerne darum verteilen und mit frischen Walnüssen garnieren. Mit Sauce nappieren und mit einigen Trüffelscheiben auf den Fasanenfilets abrunden.

Tipp des Küchenchefs

Die Trüffeln lassen sich durch Steinpilz- oder Pfifferlingsscheiben, in etwas Olivenöl angebraten, ersetzen.
Die Armen Ritter können auch in einer gebutterten Springform von 18 cm Durchmesser bereitet werden, die 10–12 Minuten bei 200 °C im Ofen bäckt.

Reisen und Entdeckungen

»Die Kunst der Provence … vergisst niemals die Erde, aus der sie stammt, und die schönsten Werke, selbst die in den Städten entstandenen, besitzen stets diese raffinierte und rustikale Art, die die Noblesse unserer Landschaft ausmacht.«

Max Delavouet

Die Epoche des Kabeljaus

Oben und rechts:
Die Gaben des Meeres schienen Jahrhunderte lang schier unerschöpflich – heute wissen wir, dass dies leider nicht so ist.

Der Kabeljau des Atlantiks (*Gadus morhua*), der »König der Meere«, ist seit über tausend Jahren, seit die Wikinger im neunten Jahrhundert die großen Schwärme vor den Küsten Neufundlands entdeckten, Gegenstand interkontinentalen Handels. Zu den Fischerbooten der Wikinger gesellten sich schon bald die Bretonen und Basken, lange bevor Kolumbus sich in diese Gewässer wagte. Doch blieben die Seewege stets ein gut gehütetes Geheimnis unter den Fischern.

Dennoch sollte der Kabeljau im Laufe der nachfolgenden Jahrhunderte eine wesentliche Rolle in mehreren Konflikten spielen, so etwa im Siebenjährigen Krieg (1756–1763) und im Amerikanischen Unabhängigkeitskrieg. Denn dank seines Klimas verfügte Neuengland über Fischbestände besserer Qualität und in solch großen Mengen, dass die Fische sich offenbar einfach mit einem durch das Wasser gezogenen Korb fangen ließen. Die amerikanische Handelselite hatte sich selbst, mit offensichtlichem Stolz, zum »Kabeljau-Adel« ausgerufen. Regelmäßig schickte sie ihren Fang in die Mittelmeerländer, ins südliche Afrika und auf die Antillen und tauschte ihn gegen Salz, Sklaven und Rum. In den Küchen Portugals, Griechenlands, des Baskenlandes, der Antillen, Kanadas, Nordamerikas – und der Provence – finden sich bis heute deutliche Spuren dieses Tauschhandels. Laut Mark Kurlansky, der über diese Epoche berichtet, bildete der Kabeljau zwischen 1550 und 1750 einen Anteil von 60 % des gesamten in Europa verzehrten Fisches. Der quasi wundersame Fisch, der nur in geringem Maße anfällig war für Parasiten und Krankheiten, vermehrte sich millionenfach. Trotz dieser Vorzüge ist er aus den heutigen Meeren fast ganz verschwunden – sein größter Feind ist und war der Mensch.

Der anspruchsvollste Markt für die nordamerikanischen Fischer war stets das Mittelmeer. Als Klipp- oder Stockfisch, der im 18. Jahrhundert in der Provence gerne auf den Tisch kam, wurde der Kabeljau von Zweimastern – Briggs und Schonern aus der Bretagne, Kanada oder

Nordamerika – in Aigues-Mortes, Marseille oder Hyères angelandet, wo der Fang verkauft und ein Vorrat Salz für den Rückweg verschifft wurde. Die Provenzalen aus dem Hinterland schätzten den Klippfisch besonders an den vielen Fasttagen des christlichen Kalenderjahres. In der Weihnachtskrippe wurde dem Jesuskind von einer der provenzalischen Krippenfiguren Klippfisch als Geschenk überreicht.

Auf den Märkten wurden auch andere eingesalzene Fische angeboten – etwa Anchovis, Thunfisch oder Sardinen –, die an Stockgerüsten entlang der Küste getrocknet wurden. War den Familien aus dem Landesinneren bewusst, dass die Kabeljaufanggebiete wesentlich weiter entfernt lagen? Zumindest war es der Klippfisch, der das Privileg hatte, die wichtigsten Festtage des ländlichen Lebens angenehmer zu gestalten: so etwa das *Gros Souper* am Weihnachtsabend (wo es Klippfisch mit Lauch oder Klippfisch in Weinsauce *à la raïto* gab) sowie die großen Festlichkeiten, bei denen die *Brandade du Gard*, eine Klippfischpaste mit Olivenöl, nicht fehlen durfte. In Nizza wird der norwegische Stockfisch – getrockneter, aber ungesalzener Fisch, wahlweise Kabeljau oder auch Schellfisch –

mit Oliven, Zwiebeln und Tomaten zu einem klassischen Gericht verarbeitet. Der Stockfisch – er wird an Stöcken an der freien Luft getrocknet, daher der Name – diente den skandinavischen Seeleuten früher als Tauschobjekt.

Jahrhundertelang galt der Klippfisch als billiges Nahrungsmittel, das eher bescheidenen Haushalten vorbehalten war. René Jouveau, Verfasser eines provenzalischen Kochbuchs, erwähnt, dass man seine Bewunderung für ein exquisites Gericht früher mit der Redewendung »Das ist aber kein Klippfisch mit Kräutern!« zum Ausdruck brachte. Er beschreibt eine Zubereitung, bei der nicht entsalzener Klippfisch, genannt »à la matrasso«, auf dem Holzfeuer gegrillt, mit Essig und Knoblauch gewürzt und mit in der Glut gegarten Kartoffeln verzehrt wurde. In den Privathaushalten sollen seit dem Einzug modernen Komforts die Hausfrauen den Klippfisch angeblich entsalzen, indem sie ihn in den Spülkasten der Toilette legen, dem bei jeder Nutzung frisches Wasser zugeführt wird. Doch hatte der Klippfisch auch seine Sternstunden. So schildert Jouveau ein Essen mit fünf verschiedenen Klippfischgerichten, bei dem auch der Feinschmeckerfürst Curnonsky zugegen war, »der dann zum Besten gab: *Ave Cesare, morutiri te salutant*«.

Oben:
Der frische Kabeljau wird gesalzen und getrocknet zum »Klippfisch«.

Bereits Taillevent merkt an, dass Kabeljau kräftige Gewürze braucht, während Klippfisch, der nur 3 % Fett und 80 % Eiweiß enthält, die Verwendung von Fetten erfordert. Sämtliche Teile des Fisches sind genießbar: Eingeweide, Zunge und Wangen zählen in manchen Ländern gar zu äußerst geschätzten Spezialitäten. Jacques Chibois bereitet den Fisch auf tausenderlei Arten zu, etwa als Füllung kleiner Ravioli oder in einem Salat, der auf der *Brandade* aus Nîmes basiert: Der Klippfisch wird mit Sahne und Olivenöl angereichert und von Tomaten und einigen Blättern Salat mit einer Zitronenvinaigrette begleitet. Gelegentlich ergänzt er auch etwas Klippfisch als Würze in anderen Fischgerichten oder verleiht Gemüsegerichten mit einem Stück Klippfisch ein zusätzliches Aroma.

Kabeljau mit Kartoffelpüree
und einer Vinaigrette aus Roten Beten

Zutaten für 4 Personen:

Für den Kabeljau:
1 Schwanzstück vom Kabeljau (à 1,3 kg)
Saft einer Zitrone
1 kg grobes Salz
100 g Zucker
1 Lorbeerblatt
10 Wacholderbeeren
10 schwarze Pfefferkörner
100 ml Milch
Salz

Für das Kartoffelpüree:
800 g Kartoffeln (Sorte Mona Lisa)
5 EL Olivenöl
50 g entsteinte schwarze Oliven
Salz

Für die Saucen:
1 gekochte Rote Bete
Schale und Saft einer halben unbehandelten Zitrone
1 Schalotte
1 TL fein gehacktes Basilikum
1 TL fein gehackter Schnittlauch
150 ml + 1 EL Olivenöl
1 TL Sichuan-Pfefferkörner
Salz und Pfeffer

Zum Servieren:
1/2 Zitrone
8 Schnittlauchstängel

Der Kabeljau

Das Schwanzstück vom Kabeljau vom Fischhändler in zwei Filets mit Haut von der Gräte lösen lassen. Die Fischfilets mit der Hautseite nach unten in eine Ofenform geben. In einer Schüssel Zitronensaft, grobes Salz, Zucker, Lorbeer, Wacholderbeeren und Pfefferkörner vermischen, die Kabeljaufilets damit bestreichen und diese anschließend über Nacht im Kühlschrank ruhen lassen.

Die Kabeljaufilets am nächsten Tag mit Wasser bedecken, um sie zu entsalzen. Hierzu werden sie erneut 6 Stunden in den Kühlschrank gegeben. Die Filets abgießen und in gleichmäßige Stücke schneiden. 1 l Wasser mit der Milch zum Kochen bringen. Eine Prise Salz hinzufügen, ebenso die bereits verwendeten Pfefferkörner, Wacholderbeeren und das Lorbeerblatt aus der Form. Den Kabeljau in der Flüssigkeit 10 Minuten bei konstanter Hitze garen, dann den Topf vom Herd nehmen.

Das Kartoffelpüree

Die Kartoffeln schälen und je nach Größe 20–30 Minuten in kochendem Salzwasser (20 g Salz für 1 l Wasser) garen. Wenn sie zart sind, abgießen und mit dem Olivenöl zu Kartoffelpüree verarbeiten.
Die Oliven drei bis vier Mal blanchieren und grob hacken. Unter das Püree ziehen und gegebenenfalls nachwürzen.

Die Saucen

Die Rote Bete schälen und mit einem Streifen Zitronenschale, 1 Esslöffel Wasser, Salz und Pfeffer im Mixer pürieren und durch ein Sieb passieren, sodass eine feine Mischung entsteht.
Die geschälte und klein gehackte Schalotte in der Pfanne mit 1 Esslöffel Olivenöl anschwitzen. Zwei fein gehackte Streifen Zitronenschale, 150 ml Olivenöl, den zerstoßenen Sichuan-Pfeffer, einige Tropfen Zitronensaft, Schnittlauch und Basilikum hinzufügen. Die Sauce vor dem Servieren lauwarm abkühlen lassen.

Servieren

Im letzten Augenblick den Kabeljau abgießen und großzügig mit Zitronensaft begießen.
In die Mitte eines jeden Tellers 4 Esslöffel Kartoffelpüree geben, darauf die Kabeljaustücke setzen. Auf einer Seite etwas lauwarme Kräutersauce angießen, dabei einige Kräuter und Gewürze aus der Sauce zum Garnieren des Fischs verwenden, etwas Rote-Bete-Sauce hineintropfen lassen. Mit je zwei Schnittlauchstängeln dekorieren.

Tipp des Küchenchefs

Das Rezept gelingt vollkommen, wenn die Sauce mit den Kräutern kurz vor dem Servieren rasch heruntergekühlt wird, sodass die Frische und das Aroma der Kräuter und Gewürze wunderbar erhalten bleiben.

Jacques Chibois empfiehlt

Vom Klippfisch

Getrockneter, gesalzener Kabeljau, der so genannte Klippfisch, ist Bestandteil zahlreicher traditioneller Rezepte der Provence. Wer, wie ich, den Klippfisch selbst zubereiten will, nimmt ein gutes Pfund Kabeljau, etwa fünf bis sechs Zentimeter dick. Er wird rundherum gesalzen wie ein Räucherlachs: In einem Kilo Salz, 20 g Zucker (unverzichtbar) und einigen zerdrückten Wacholderbeeren lässt man den Fisch zugedeckt ein bis zwei Tage ziehen.

Dieses Verfahren ermöglicht dem Salz und dem Jod, in den Fisch einzudringen, wobei das Salz den Fisch zum Teil gart. Aus diesem Grund ist es wichtig, dem Salz ausreichend Zeit zu lassen, um bis zur Mitte des Fisches vorzudringen, und erst ein oder zwei Tage später zu entsalzen. Hierzu wird der Fisch abgespült und etwa einen Tag in frisches Wasser gelegt (die Dauer ist von der Größe des Fisches und der Dauer des Salzens abhängig). Anschließend kann er pochiert werden.

Für die Herstellung von Klippfisch kann grobes Salz verwendet werden, wie zum Beispiel Salz aus der Camargue. Feines Salz oder gar fleur de sel *wären hier reine Verschwendung.*

Alchemie und Magie: der Mas de la Brune

Vom hohen Turm des Mas de la Brune, einem schönen provenzalischen Anwesen aus dem 16. Jahrhundert, lädt eine Figur, die eine Sirene mit einer Laute darstellt, die Passanten ein, diesen einzigartigen Ort zu entdecken. Vor kurzem wurde er um zwei Gartenkreationen von großer Originalität bereichert: der *Jardin de l'Alchimiste* (Garten des Alchemisten) und der *Jardin Botanique des Plantes Magiques* (Botanischer Garten der magischen Pflanzen). Beide wurden von den Gartenarchitekten Arnaud Maurières und Éric Ossart geschaffen, die auch in Paris die Gärten des *Musée national du Moyen Âge*, des »Nationalmuseums des Mittelalters«, geschaffen haben.

Oben: Flechthecken aus Weidenruten im Jardin Botanique des Plantes Magiques *des Mas de la Brune.*

Marie und Alain de Larouzière haben den reizvollen *mas* um 1995 erworben. Damals erstreckten sich hinter dem Haus ausgedehnte Gemüsebeete – lange, von Zypressen gesäumte Rechtecke. Die Larouzières sind Agrarwissenschaftler und Winzer, aber auch Künstler: Einer ihrer Söhne ist Geologe und wissenschaftlicher Leiter von Vulcania in der Auvergne, eine Tochter ist mit dem ehemaligen Direktor der Medici-Villa in Rom verheiratet. Marie und Alain wollten außergewöhnliche Gärten schaffen, im Einklang mit der Geschichte des Ortes, und so nahmen Maurières und Ossart 1996 die Arbeit auf.

In ihrem schönen Buch *Jardiniers de Paradis* (Paradiesgärtner) erläutern die Gartenkünstler: »Ein Garten ist eine wahrhaftige Einladung an alle Sinne. Mehr noch: Er kann den Weg zu einem sechsten Sinn öffnen.« Im Mas de la Brune nehmen die Gärten eine Tradition auf, die gleichermaßen mit dem Mittelalter und dem Mittelmeer verknüpft ist und das Schöne und Nützliche auf untrennbare Weise verbindet. Sie wecken die Erinnerung an altes und kostbares Wissen: Der botanische Garten würdigt die frühere Heilkunde, die im 16. Jahrhundert auf dem Lande weit verbreitet war, während der Garten des Alchemisten das esoterische Wissen preist, das unter größter Geheimhaltung von Meister auf Schüler überliefert wurde.

Im *Jardin Botanique des Plantes Magiques* befinden sich die Pflanzen mit dem höchsten Wuchs jeweils am äußersten Ende des großen Rechtecks. Es sind Miniaturwälder (Zypressen, Platanen, Wacholder), die von geflochtenen Weidenhecken umsäumt werden. Näher zur Mitte stehen die Obstbäume, deren Stämme sich über einem leuchtenden Teppich aus Wiesenblumen erheben. Im Herz des Gartens erstreckt sich, zu beiden Seiten einer langen Pergola mit 24 verschiedenen Rebsorten, eine Kräuteranlage im Schachbrettmuster. In allen Parzellen sind die Pflanzen mit Schildern versehen, die eine Fülle an Erläuterungen zu den Anwendungen in der Heilkunde oder der Magie liefern. Der anschließende *Jardin de l'Alchimiste* wurde von der Architektur des *mas* inspiriert, der im Jahre 1572 von Konsul Pierre Isnard errichtet wurde. War dieser ein Alchemist? Einige Details in der Fassade scheinen es nahe zu legen. Eine unauffällige Tafel erläutert dem Besucher, dass die Suche nach dem Stein des Weisen eine Suche ist, die »den Eingeweihten vom tiefsten Dunkel zur größten Erleuchtung, vom stillen Wasser zur sprudelnden Quelle, und von der Enge zur Weite des Geistes führen« könne. »Somit«, erläutert Marie de Larouzière, »stünde die Alchemie auch nicht im Widerspruch zum christlichen Glauben.«

Oben:
L'Oeuvre au blanc, *der weiße Garten des Mondes: Rosen der Sorte 'Schneewittchen', Prachtkerzen und* Miscanthus sinensis.

All dies spiegelt sich ebenfalls im Grundriss des Gartens. Der Besucher durchquert drei große Quadrate: *l'Œuvre au noir, l'Œuvre au blanc* und *l'Œuvre au rouge*, benannt nach den drei Steinen der Alchemie. Jeder Garten hat seine Themen, seine Ziffern und Symbole, die durch die Anordnung der Pflanzen gezeichnet werden, seine vielfältigen Assoziationen, die alle mithilfe von Stein, Wasser und der Pflanzenwelt entstehen. *L'Œuvre au noir*, »das schwarze Werk«, ist ein Labyrinth aus dunklen Hopfenbuchen und Eichen, das von Schieferwegen durchzogen ist: Es ist das Reich des Saturn, der an die Intelligenz appelliert. *L'Œuvre au blanc*, »das weiße Werk«, verführt mit einem mystischen Gewirr aus weißem Marmor, einem Wasserbecken – blass und leuchtend wie der Mond –, Hecken aus Ölweiden, deren Blattwerk auf der Unterseite silbern schimmert, einer Fülle an Rosen der Sorte 'Schneewittchen' in zauberhaftem Zusammenspiel mit Madonnenlilien,

anmutigen Prachtkerzen und *Miscanthus sinensis*. Hier herrscht Merkur und spricht unsere Intuition und unsere Sinne an. Wer die wahre Weisheit sucht, geht durch die Hecke aus 22 weiß blühenden Oleanderbüschen und entdeckt *l'Œuvre au rouge*, »das rote Werk«, den Bereich der Fantasie, deren Quell aus einem sechszackigen Stern entspringt. Von ihm gehen 33 flammende Sonnenstrahlen aus, bestehend aus der Rose 'Prestige de Bellegarde', neun Zwerggranatapfelbäumen und der Kletterrose 'Red Parfum', die die Mauern schmückt.

Die Gärten sind in ihrer Inspiration sehr alt und in ihrer Konzeption in hohem Maße zeitgenössisch. Um die junge Hecke, die eines Tages die Bereiche trennen wird, etwas zu unterstützen, haben die nonkonformistischen Gartengestalter an einer Leine in regelmäßigen Abständen weiße Tücher aufgehängt. Einige hängen frei und flattern wie große Taschentücher im Wind, andere sind in der Mitte durch Seile festgehalten und lassen bizarre Gestalten oder Theatervorhänge entstehen – insgesamt tragen sie deutlich zur unverwechselbaren Handschrift des Ortes bei.

Ein weiterer Garten ist erst vor kurzem hinzugekommen: Es handelt sich um ein Labyrinth aus Ölweiden, das sich in der Nähe des Eingangs erstreckt und dessen Anordnung das erste Wort des Alten Testaments auf Hebräisch bildet. Unweit davon lädt eine kleine Terrasse zu einigen Alchemisten-Cocktails auf Früchten- und Blütenbasis ein wie auch zu einem Gespräch mit den Gartenführern, die gern und unerschöpflich ihr »heiteres Wissen« teilen.

Oben:
Wenn Artischocken nicht geerntet werden, entfalten sie ihre wunderschöne violette Blütenpracht.

Rechts:
L'Œuvre au noir, *der schwarze Garten: Schieferwege, ein Wasserbecken und Eichen.*

Arme Ritter
mit Bratapfel und Trüffeln

Zutaten für 4 Personen:

Für die Armen Ritter:
4 Scheiben Weißbrot
80 g Butter

Für den Flan:
80 ml Milch
1/2 Vanilleschote
20 g Zucker
2 Eigelbe
3 Eier

Für das Sabayon:
5 Eigelbe
Etwas Zucker
70 g weiche Butter
20 ml Portwein
20 ml Sauternes
10 ml flüssiges Vanillearoma

Für den Karamell:
80 g Zucker
150 ml Sahne
50 ml Trüffel-Jus
30 g Trüffel (20 g in Scheiben zum Garnieren, den Rest fein gehackt)

Für die Bratäpfel:
2 große Äpfel (Golden Delicious)
20 g Butter

Die Armen Ritter und der Flan
Das Weißbrot würfeln und in etwas Butter in einer Pfanne goldgelb rösten. Für den Flan das Mark der Vanilleschote mit dem Zucker mischen, die ausgekratzte Schote dann in der lauwarmen Milch ziehen lassen. Eigelbe und verrührte ganze Eier unter Schlagen in den Zucker einarbeiten, anschließend die Milch darunter mischen. Diese Flan-Zubereitung mit den Brotwürfeln vermischen und das Ganze in eine gebutterte Ofenform geben. Bei 170 °C etwa 35 Minuten im Ofen backen.

Das Sabayon
In einer kleinen Schüssel, die in einem Topf mit kochendem Wasser im Wasserbad steht, die Eigelbe mit Zucker verschlagen. Wenn die Masse schaumig wird, die weiche Butter, den Portwein, den Sauternes und die flüssige Vanille unterrühren.

Der Karamell
Den Zucker mit 50 ml Wasser erhitzen. Wenn er eine goldene Farbe annimmt, den Topf vom Herd nehmen, die Sahne angießen, dann Trüffel-Jus und gehackte Trüffel hinzugeben. Bei Zimmertemperatur beiseite stellen.

Die Bratäpfel
Die geschälten, entkernten und geviertelten Äpfel in einer beschichteten Pfanne in kleinen Butterflöckchen unter regelmäßigem Wenden braten.

Servieren
Die Armen Ritter mit einer ovalen Form von 8 cm Länge ausstechen. Die Bratäpfel darauf geben, mit Trüffelkaramell nappieren und das warme Sabayon darum gießen. Mit feinen Trüffelscheiben dekorieren.

Tipp des Küchenchefs
Die Vanilleschote einritzen und mit dem Zucker ausreiben, so löst sich das Mark, und der Zucker nimmt das Aroma wunderbar auf.

Wildente mit Quitten,
Datteln und Tagliatelle von Sellerie

Zutaten für 4 Personen:

Für die Wildenten:
2 wilde Stockenten, ausgenommen (jedoch mit der Leber)
20 ml Olivenöl
Salz und Pfeffer

Für die Sauce:
1 Möhre
30 g Knollensellerie
2 Schalotten
2 Knoblauchzehen
2 getrocknete Fenchelstängel
1 Lorbeerblatt
1 Thymianzweig
50 ml Marc de Provence oder ein anderer Tresterschnaps
100 ml tanninreicher Rotwein (etwa roter Bandol)
20 g Butter
20 ml Olivenöl
1 Prise geriebene Muskatnuss
30 g gegarte Rote Bete
Etwas Zitronensaft
Salz und Pfeffer

Für die Früchte:
4 Quitten
2 TL Rotweinessig
2 EL Honig
2 Wacholderbeeren
1 TL zerstoßener Mignonnette-Pfeffer (= schwarze und weiße Pfefferkörner)
500 g Knollensellerie
20 ml Olivenöl
16 Datteln
25 g Butter
Salz und Pfeffer

Zum Servieren:
1 TL Mignonnette-Pfeffer

Die Wildenten

Den Ofen auf 220 °C vorheizen.
Die Enten innen und außen salzen und pfeffern, dann zusammenbinden. Mit dem Olivenöl in eine gusseiserne Form geben und 12–15 Minuten anbraten. Die Enten aus der Form nehmen und in Alufolie gewickelt im ausgestellten, aber noch warmen Ofen ruhen lassen.
Von den lauwarm abgekühlten Enten Keulen und Brust abtrennen. Die Bruststücke in Alufolie auf einem Rost ruhen lassen, die Keulen für die Sauce beiseite legen.
Vor dem Servieren die Bruststücke 5–8 Minuten im Ofen bei 180 °C erwärmen, das Fleisch behutsam vom Knochen lösen, dabei mit einem spitzen Messer dem Brustbein folgen. Salzen und pfeffern.

LAGUIOLE

Die Sauce

Die Entenknochen zerkleinern, zurück in die Form geben und mit den Schalotten, der Möhre und dem Knollensellerie – alles geschält und klein gehackt – anbraten. Die geschälten und zerdrückten Knoblauchzehen, Fenchelstängel, Thymian und Lorbeer hinzugeben. Wenn alles eine schöne Farbe angenommen hat, die Entenkeulen wieder hinzufügen. Mit Marc de Provence flambieren, den Rotwein und 900 ml Wasser angießen und 45 Minuten bei sehr geringer Hitze köcheln.
Die Entenkeulen herausnehmen und beiseite stellen. Die Sauce durch ein Sieb filtern, in einen Topf gießen und auf kleiner Flamme auf 150 ml reduzieren. Mit Muskatnuss würzen und Butter und Olivenöl mit einem Schneebesen unterschlagen. Salzen und pfeffern.
Die Rote Bete fein pürieren und davon einen Esslöffel zur Sauce geben. Kurz vor dem Servieren den Zitronensaft angießen.

Die Früchte

Die Quitten schälen und das Kerngehäuse entfernen, die Früchte vierteln und zusammen mit 1 Teelöffel Rotweinessig, Honig, dem Mignonnette-Pfeffer, den zerdrückten Wacholderbeeren und 250 ml Wasser in einen Topf geben. Zugedeckt 45 Minuten auf kleiner Flamme köcheln lassen. Gegen Ende der Kochzeit den Deckel abnehmen und bei geringer Hitze die Flüssigkeit reduzieren. Der Saft soll zum Schluss lediglich noch die Quittenviertel umgeben.
Die Sellerieknolle schälen und in 1 mm feine Scheiben, dann diese in 1 cm breite Tagliatelle schneiden. Salzen und pfeffern und mit Olivenöl in eine beschichtete Pfanne geben. Auf großer Flamme und unter regelmäßigem Wenden anbraten, bis sie eine goldene Farbe angenommen haben.
Kurz vor dem Servieren die Datteln halbieren, die Steine entfernen und die Früchte in etwas Butter in der Pfanne anbraten. Mit 1 Teelöffel Rotweinessig ablöschen.

Servieren

Die Sellerie-Tagliatelle in den Tellern anrichten, darauf die Entenbrustfilets setzen. Quitten und Datteln harmonisch verteilen. Die Entenkeulen im Winkel zu der Brust anrichten (siehe Foto) und mit Sauce nappieren. Etwas Sauce auch über die Entenbrustfilets geben und mit frisch gemahlenem Mignonnette-Pfeffer abrunden.

Tipp des Küchenchefs

Wählen Sie schöne Datteln aus, die idealerweise aus der diesjährigen Ernte stammen. Den Sellerie erst kurz vor dem Servieren anbraten und regelmäßig wenden, sodass die Streifen nicht aneinander haften.

Jacques Chibois empfiehlt

Früchte im Winter

Zu jeder Jahreszeit bekommt man heutzutage frische Früchte. Im Winter gibt es Zitrusfrüchte und Kiwis. Die hocharomatische Feijoa oder Ananas-Guave reift mittlerweile sogar in Frankreich. Bei Kakipflaumen (die Früchte des Kakibaumes) verwende ich am liebsten die Sharonfrucht, eine veredelte Sorte, die größer und fleischiger ist und sich besser hält (die Früchte werden nicht faserig). Kakipflaumen müssen wie Kiwis und Mispeln vor dem Frost geerntet werden, das allmähliche Heranreifen in Lattenkisten kann dann unter Beobachtung geschehen.

Die exotischen Früchte, die in der südlichen Hemisphäre wachsen, während es bei uns Winter ist, liebe ich auch sehr. Eine wahre Schwäche habe ich für Mangos, Passionsfrüchte, Papayas, Kokosnüsse und auch für die Ananas, die einen außergewöhnlichen Duft hat und mit einer Vielzahl von Früchten (wie Äpfel, Bananen, Kokosnüsse, Mangos) harmoniert. Durch ihre Säure vermag sie, andere Aromen zu unterstreichen. Ich schätze besonders die von der Insel Réunion stammende kleine Ananas, genau wie im Übrigen die ganz kleinen Bananen, die sehr aromatisch sind. Wer die richtigen Exoten auswählen will, sollte wissen, ob sie per Flugzeug oder per Schiff transportiert wurden. Im ersteren Fall sind sie vor Ort herangereift, beim Schiffstransport werden sie hingegen grün eingeschifft und reifen in Kühlkammern heran. Außerdem werden bestimmte Früchte je nach Herkunftsland zu unterschiedlichen Zeiten reif, so ist die Mango-Saison in Brasilien, Asien und Afrika jeweils unterschiedlich. Es empfiehlt sich also, sowohl das Herkunftsland wie auch die jeweilige Reifezeit zu kennen. Auskünfte hierüber bekommt man von einem gut informierten Obsthändler.

Die Renaissance der Trüffel

Jeder kennt die schwarze Trüffel, die so genannte Périgord-Trüffel, die echte *Tuber melanosporum*. Aber nur wenigen ist auch bekannt, dass 80 % der französischen Trüffeln, einschließlich einer großen Zahl derer, die im Périgord verkauft werden, eigentlich aus dem Südosten des Landes stammen. Richerenches in der Region Drôme, Carpentras in der Vaucluse und Aups im Var sind die drei großen Märkte, die, abhängig von den Witterungsverhältnissen, die jährlichen Preise festlegen. Und die Trüffelkultur im Département Alpes-Maritimes erlebt zurzeit einen wahrhaften Aufschwung. Hier arbeitet Michel Santinelli von der Landwirtschaftskammer seit zehn Jahren an der Wiedereroberung brachliegender Flächen. Die Kultur der Trüffel ist die Geheimwaffe der Alpes-Maritimes, die die ehemaligen Landwirtschaftsflächen gegen Brände und Immobilienspekulation verteidigen soll. Landwirte und Privatpersonen gleichermaßen geben sich mehr und mehr dieser Leidenschaft hin.

Einmal jährlich, im Januar, bietet die *Foire aux truffes* (Trüffelmesse) einer großen Zahl kleiner Erzeuger die Möglichkeit, ihre Ernte zu fairen Preisen direkt zu verkaufen. »Wenn man von Trüffeln spricht«, erläutert Santinelli, »ist oft ein gewisser Argwohn zu beobachten. Unser Ziel ist es, dem Verbraucher bewusst zu machen, dass er für zwanzig bis dreißig Euro ein Mahl für drei bis vier Personen zubereiten und sich dabei durchaus frische Trüffeln gönnen kann.« Auf der *Foire aux truffes* finden sich auch Käse, Honig und Konfitüren aus eigener Herstellung, selbst frisch gegarte Weinbergschnecken werden angeboten. Bei Jacques Chibois in der Bastide Saint-Antoine findet dann das Trüffelfest statt. Zum Trüffelfest bereitet Jacques Chibois ein Mahl für 350 Personen zu (nach vorheriger Anmeldung). Santinelli und Chibois haben dieses Fest vor gut zehn Jahren zusammen ersonnen. Der Trüffelbauer schätzt bei dem befreundeten Meisterkoch besonders dessen Bedürfnis, sich fortwährend zu informieren, zu begreifen, zu sehen. »Setzen Sie ihm einen Korb Trüffeln vor, in dem sich eine einzige chinesische befindet [eine Sorte, die den Trüffeln der Region äußerlich ähnlich sieht, aber

deutlich weniger aromatisch ist], und er entdeckt sie auf den ersten Blick!«, schmunzelt Santinelli. Die Trüffel inspiriert den Koch zu harmonischen Kreationen mit Zutaten, die zur gleichen Zeit erhältlich sind: mit Wurzelgemüse, zum Beispiel dem Topinambur, mit Hülsenfrüchten wie etwa Linsen oder mit verschiedenen Ölen, etwa Olivenöl, aber auch Walnussöl.

Doch ist die Trüffel der Alpes-Maritimes jenen aus anderen Regionen auch wirklich qualitativ ebenbürtig? Chibois, der aus dem Limousin stammt, beantwortet die Frage positiv. Die *Tuber melanosporum* ist eine merkwürdige Art, von der es lediglich eine einzige – relativ launenhafte – Sorte gibt, die auch nur unter ganz bestimmten Bedingungen gedeiht. Um sie in Kultur zu ziehen, müssen diese Bedingungen (kalkhaltiger, gut belüfteter Boden, der gewisse Mikroorganismen aufweist) geschaffen oder wiederhergestellt werden. Dann werden besamte Baumjungpflanzen gesetzt und gepflegt, und zu guter Letzt heißt es dann – warten.

Örtlich kann der Geschmack der herangereiften Trüffel je nach Sonneneinstrahlung, Bodenverhältnissen, der Wirtssorte oder der umgebenden Vegetation sehr unterschiedlich sein, doch auf regionaler Ebene bleibt die Qualität äußerst homogen. Lediglich können, so Michel Santinelli, unterschiedliche Reifestadien eventuelle Geschmacksunterschiede nach sich ziehen. Trüffeln setzen alle in derselben Zeit im Frühjahr an und wachsen etwa in denselben letzten zwei Augustwochen heran. Nur der Reifeprozess verläuft sehr unterschiedlich und erstreckt sich von Ende November bis Ende Februar. Das Äußere wird dann schön schwarz, das zunächst rötliche Innere wird weißlich, später dann schwarz und deutlich geädert.

Zu früheren Zeiten fühlte sich die Trüffel in der Region Alpes-Maritimes sehr wohl, sie wird bereits von den Römern erwähnt. Die Krise in der Landwirtschaft hätte sie jedoch fast verschwinden lassen. Heute findet eine wahre Renaissance statt: Innerhalb von zehn Jahren wurden siebzig Hektar für die Trüffelkultur aufbereitet. Der Erzeugerverband der schwar-

Oben und rechts: Verborgene Schätze am Fuße eines Baumes: Die Trüffeln werden ausgegraben und bei der Foire aux truffes *im Januar verkauft.*

zen Trüffel in den Alpes-Maritimes bietet unter der Leitung von Santinelli Ausbildung, Ratschläge, technische Versuche und Studien, Großbestellungen von Trüffelknollen und die Koordination der Erzeuger an. Der Verband ist damit so erfolgreich, dass die Departement-Vertretung sich schließlich entschlossen hat, dessen Aktion zu unterstützen. Die Gemeinde Rouret hat dem Verband Land zur Verfügung gestellt, auf dem Versuche zu Pflanzabständen, Bewässerung usw. durchgeführt werden können. Trüffelfreunden müsse bewusst sein, so Michel Santinelli, dass es sich bei der Trüffel um »ein biologisches Produkt« handelt, das man nicht im Laboratorium oder im Gewächshaus entwickeln kann. Daher können etwa Trockenheit oder Frost die Produktion auf die Hälfte reduzieren. Santinelli, der auch Jäger ist, weiß, dass Wildschweine ebenfalls eine ernst zu nehmende Bedrohung für die Trüffelkultur sind. Zudem wirkt die erforderliche Wartezeit von etwa zehn Jahren vor der ersten wirklichen Ernte entmutigend auf all diejenigen, die sich in erster Linie um die Wirtschaftlichkeit sorgen. So bleibt die Trüffel eine Kultur, die den echten Fanatikern vorbehalten ist. Für Santinelli ist die Suche nach dem schwarzen Diamanten in erster Linie eine Lektion Lebensweisheit: »Der größte Fehler wäre, es eilig zu haben …«

Pilzcremesuppe mit Trüffeln

Zutaten für 4 Personen:

Für die Suppe:
50 g Schalotten
30 g Butter
2 EL Weißwein
2 EL Noilly Prat
100 ml Sahne
200 g Champignons
1 Prise gekörnte Qualitäts-Geflügelbouillon
Einige Spritzer Zitronensaft
1/2 EL Portwein
40 g schwarze Trüffel
Salz und Pfeffer

Zum Servieren:
40 g schwarze Trüffel, in dünne Scheiben geschnitten
4 Scheiben Weißbrot
Fleur de sel
Pfeffer aus der Mühle

Die Suppe

Die geschälten und klein gehackten Schalotten auf kleiner Flamme in einem Topf mit etwas Butter anschwitzen. Mit Weißwein und Noilly Prat ablöschen und etwa 2 Minuten reduzieren. 300 ml Wasser und die Sahne angießen, die in dünne Scheiben geschnittenen Champignons wie auch die Geflügelbouillon hinzufügen. Zum Kochen bringen und zugedeckt bei geringer Hitze 5 Minuten köcheln lassen.
Die Suppe so fein wie möglich pürieren, in einen Topf geben und erneut aufkochen. Mit Portwein, Zitronensaft, Salz und Pfeffer abrunden und zum Schluss die fein gehackte Trüffel hinzufügen.

Servieren

Die Brotscheiben toasten. Die Trüffelscheiben auf dem Toast anrichten und mit etwas *fleur de sel* und frischem Pfeffer aus der Mühle würzen. Die Suppe in vorgewärmten kleinen Suppenschalen servieren, mit feinen Trüffelscheiben und frischem Pfeffer garnieren.

Tipp des Küchenchefs

Besonders geeignet sind sehr weiße und feste Champignons, die der Suppe einen dekorativen cremigen Farbton verleihen.

Kichererbsenpüree
mit cremigem Eigelb und Trüffelsauce

Zutaten für 4 Personen:

Für das cremige Eigelb:
40 g Butter
150 ml Sahne
8 Eigelbe
10 g schwarze Trüffel
Salz und Pfeffer

Für das Kichererbsenpüree:
150 g Kichererbsenmehl
6 EL Olivenöl
20 g Butter
5 g Parmesan
15 g schwarze Trüffel
Salz und Pfeffer

Für die Trüffelsauce:
15 g Kalbsfond
2 EL Olivenöl
10 g schwarze Trüffel
10–15 g Butter
Salz und Pfeffer

Zum Servieren:
10 g schwarze Trüffel
4 Eierschalen

Das cremige Eigelb

Butter und Sahne mit einer Prise Salz und Pfeffer in einen Topf geben und zum Kochen bringen. Die kochende Mischung über die verrührten Eigelbe gießen, dabei kräftig schlagen, um der Mischung eine schön cremige Konsistenz zu verleihen. Die in feine Scheiben geschnittene Trüffel hinzufügen.

Das Kichererbsenpüree

Das Kichererbsenmehl in eine Schüssel geben. Salzen und pfeffern und nach und nach unter Rühren mit einem Holzlöffel 500 ml Wasser und das Olivenöl einarbeiten, bis eine glatte, leicht dicke Masse entsteht, die etwa die Konsistenz eines Crêpe-Teigs hat.
Die Mischung in einen Topf geben und auf mittlerer Stufe erhitzen, dabei fortwährend umrühren. Wenn die Mischung eindickt, die Butter, die fein gehackte Trüffel und den frisch geriebenen Parmesan unterziehen. Behutsam mit der Hälfte der cremigen Eigelbmasse vermischen.

Die Trüffelsauce

150 ml Wasser und den Kalbsfond in einem Topf zum Kochen bringen. Trüffel, Olivenöl, Salz und Pfeffer hinzugeben. Mit dem Mixstab sehr fein pürieren, sodass eine schön gebundene Trüffelsauce entsteht. Im letzten Augenblick die Butter mit dem Mixstab einarbeiten.

Servieren

In tiefen Tellern etwas Kichererbsenpüree anrichten, mit etwas Trüffelsauce nappieren und je eine dekorative Eierschale mit cremigem Eigelb in die Mitte geben. Mit fein geschnittenen Trüffelstäbchen dekorieren.

Tipp des Küchenchefs

Dieses Gericht sollte unverzüglich serviert werden, damit das Kichererbsenpüree nicht eindickt. Bei Bedarf kann dem Püree mit etwas lauwarmem Wasser wieder zur richtigen Konsistenz verholfen werden.

Jacques Chibois empfiehlt

Von der Sahne in der Küche

Grundsätzlich ist flüssige frische Sahne, in Frankreich crème fleurette, *der dickflüssigeren Sahne,* crème épaisse *oder Crème fraîche, vorzuziehen. Die frische Sahne ist leicht, enthält noch Molke und ist noch nicht gesäuert. Die Säuerung bewirkt den Verlust bestimmter Bestandteile und erhöht den Fettgehalt: Dieser liegt bei frischer Sahne bei etwa 14 %, während er bei Crème fraîche über 30 %, bei* crème épaisse *sogar bis zu 90 % betragen kann. In der Frischmilch steigt die fettreiche Crème fraîche an die Oberfläche, die frische Sahne bleibt hingegen genau darunter.*

Die verschiedenen Sahnesorten werden auch in der Küche unterschiedlich eingesetzt. Ich persönlich verwende fast ausschließlich frische Sahne, aber natürlich kann auch Crème fraîche zum Säuern von Schlagsahne oder einer Konditorcreme verwendet werden. Um eine Sahnesauce mit frischer Sahne einzudicken, wird sie durch Verdunsten reduziert. Freilich ist dies etwas zeitaufwendiger, dafür erhält man eine leichtere und aromatischere Sauce. Ich ziehe es vor, der Sauce gegen Ende mit einem Spritzer Zitronensaft die notwendige Säure zu verleihen, als von Anfang an eine zu saure, dickflüssige Sahne zu verwenden.

Grundsätzlich empfehle ich, die Verwendung von Sahne auf ein Minimum zu beschränken – lediglich für einige Fischgerichte, einige Suppen und Eiscreme – und hierfür dann vorzugsweise ganz frische Sahne zu verwenden, die einfach leichter und geschmackvoller ist.

Die Gärten der Maler

Seit der Romantik haben die südfranzösischen Mittelmeerlandschaften zahlreichen Künstlern als Quell der Inspiration gedient. Die Historikerin Françoise Cachin meint, die Provence wurde stets als »Rückzugsort und als Arkadien in Reichweite [... empfunden]«. Die drei post-impressionistischen Maler Van Gogh, Cézanne und Renoir ließen sich indes nicht nur von den Landschaften der Provence, sondern auch von ihren Gärten verführen. Jeder von ihnen hatte seinen Lieblingsort, ein eigenes Refugium, das die Sinne beflügelte.

Oben und rechts: Jedem Maler seine Lieblingspflanzen: Für Renoir waren es seine »barbarischen Gottheiten«, die Olivenbäume, für Van Gogh waren es Schwertlilien und Zypressen.

Zwischen Juli und Oktober 1888 malte Van Gogh eine Reihe von Gärten in Arles. In erster Linie handelte es sich um öffentliche Parks, »aufgelockert von Beeten mit orangefarbenen Geranien unter schwarzen Ästen«. Seine Licht- und Farbspiele lassen zunächst seinen Wunsch erkennen, »ein Maler des modernen Lebens« zu sein. Doch haben die Parks, in denen die Bewohner Arles' spazieren gingen, Van Gogh auch zu einer Reihe von Gemälden und Zeichnungen zum Thema »der Garten des Dichters« inspiriert. An diesen Orten stellte er sich »die Dichter der Renaissance [vor], Dante, Petrarca, Boccaccio, wie sie zwischen den Sträuchern und auf den Rasenflächen voller Blumen flanierten«. Diese Bilderserie, die für das Zimmer des Freundes Gauguin bestimmt war, symbolisierte die utopische Gemeinschaft, die Van Gogh in seinem *Maison Jaune* zu gründen hoffte – eine Hoffnung, die so dramatisch enttäuscht wurde! Die Bilder zu »der Garten des Dichters« sind heute weniger bekannt als jene der anderen Gärten, in denen sich Van Gogh zurückzog: die Beete des Krankenhausinnenhofes in Arles zunächst, dann die Gärten des Klosters Saint-Paul in Saint-Rémy mit ihren berühmten blaulila Schwertlilien. Doch sind es vor allem die städtischen Promenaden, die seine Vision eines von Künstlern bewohnten Arkadiens nährten. Der öffentliche Park in der Rue des Lices im Stile des Second Empire bewahrt bis heute am besten den Geist von Van Goghs Gemälden der Utopie.

Cézanne fand seinen Rückzugsort in dem Atelier, das er 1897, nach dem Tod der geliebten Mutter und dem Verkauf des Elternhauses, in Les Lauves errichten ließ. Er war es gewohnt, überall und bei jedem Wetter »im Motiv zu arbeiten«, und so war ihm der Ort bereits bestens vertraut. Für den Maler, der in der Natur »deren endlose Vielfalt« suchte, war der Ort von großer Bedeutung, der Garten hingegen bedeutete ihm wenig, das existierende Haus gar nichts. Es wurde abgerissen und ersetzt durch das Atelier seiner Träume, das nach seinen Vorstellungen gebaut wurde. Cézanne erhielt jedoch das Gartenhaus und sogar den alten Gärtner, Vallier, den er mehrmals porträtierte.

Das Stück Land, das in dem Kaufvertrag als »Jagdgebiet« ausgewiesen war, umfasste einen alten Olivenhain, von Kiefern, Eschen, Buchen und Eichen durchsetzt, in dem hier und dort kleine Farbflecken hervorleuchteten, die je nach Jahreszeit aus Flieder, Judasbäumen, Pflaumen und Süßkirschen bestanden. Im Sommer bildeten die Granatapfelbäume und die Geranien, die von der niedrigen Terrassenmauer herunterrankten, das Thema einer Reihe von Aquarellen. Als der Schriftsteller

Jules Borély den Maler 1902 besuchte, beschrieb er den Blick, der sich vor seinen Augen erstreckte, mit folgenden Worten: »Oberhalb eines Gewirrs von Olivenbäumen und einiger vertrockneter Bäume fügte sich die Stadt Aix in malvenfarbenem Licht harmonisch in die sie umgebende, himmelblaue, luftige Hügellandschaft ein.« Heute wird der Landschaftsgarten restauriert und von jungen Künstlern zu neuen Experimenten genutzt.

Oben:
Der Höhenzug der Alpillen von der Kapelle Sainte-Sixte in Eygalières aus gesehen.

Rechts:
Die von Cézanne immer wieder gemalte Montagne Sainte-Victoire.

Als Renoir im Jahr 1907 das Gut »Les Collettes« bei Cagnes-sur-Mer erwarb, tat er dies in erster Linie, um 148 jahrhundertealte Olivenbäume vor dem Tod zu bewahren, der ihnen durch die ehrgeizigen Pläne eines Nelkenzüchters drohte. Niemals hatte Renoir derart schöne Bäume gesehen, so berichtete es zumindest sein Sohn: »Einige Stämme erinnern an barbarische Gottheiten.« Dem Maler waren sie bereits vertraut, durchstreifte er jene Hügel doch schon seit mehreren Jahren, ohne jedoch vorzuhaben, sich dort niederzulassen. Es war seine Gattin Aline, die den Erwerb des Olivenhaines nutzte, um auf dem Land ihr Traumhaus zu errichten, eines, das auch den zunehmend von Arthritis eingeschränkten Möglichkeiten des Malers gerecht werden sollte. Sie ließ dort auch ihren Traumgarten entstehen, der Renoir vor allem wegen der Zucht verschiedener duftender Rosen interessierte. Im Jahre 1908 wurde mit der Anlage des Gartens begonnen, der sich nach und nach mit Blumen in kräftigen Farben füllte: Schwertlilien, Hängegeranien, Lavendel. »Renoir mag nur einfache Blumen«, erklärte Aline Renoir dem Bildhauer Rodin bei dessen Besuch. Von 1912 an bewegte sich Renoir im Rollstuhl auf Wegen, die eigens zu diesem Zweck angelegt worden waren. An den Lieblingsaussichtspunkten ihres Mannes sorgte Aline für Schatten spendendes Laubwerk. Gegen Ende seines Lebens verkörperte der arkadische Rückzugsort für Renoir eine Vision der Landschaft als harmonische Korrespondenz zwischen Mensch und Natur.

Wenngleich der Garten nur eine Randerscheinung im Werk der drei Maler geblieben ist, so stand er doch im Mittelpunkt ihres Erlebens und ihres Lebensideals. Alle drei zogen sie den naturbelassenen Garten einem streng formal »gekämmten« vor, und ihre Gärten wecken noch heute Erinnerungen an berühmte Gemälde.

Junger Seehecht
mit Beeren und Kapernblüten

Zutaten für 4 Personen:

Für die Sauce:
50 g Berberitzen (oder 1 EL Rosinen, in *verjus*, Saft von unreifen Trauben, eingeweicht)
1 Stück Zucker
20 g Butter
1/2 EL Olivenöl

Für die Nudeln:
150 g kleine runde »Risoni«-Nudeln
1 Prise gekörnte Qualitäts-Geflügelbouillon
1 Prise Kurkuma
1 Rosmarinzweig
10 g Butter
1/2 EL Olivenöl
Salz und Pfeffer

Für den Seehecht:
2 Seehechte à 500–600 g, filetiert
1/2 EL Olivenöl
Salz und Pfeffer

Zum Servieren:
4 Kapernblüten

Die Sauce
Die gewaschenen und trockengetupften Berberitzenbeeren in 500 ml Wasser quellen lassen, dann 2 Stunden mit dem Zucker in einem Topf auf kleiner Flamme garen.
Die Beeren herausnehmen und beiseite stellen. 100 ml Sud mit Butter und Olivenöl aufschlagen.

Die Nudeln
Die Nudeln 12 Minuten in einem Topf mit kochendem Salzwasser mit der Kurkuma und der Geflügelbouillon garen. Abgießen und abkühlen lassen. Vor dem Servieren in einer Pfanne mit Olivenöl, Butter und dem Rosmarin erhitzen. Salzen und pfeffern.

Der Seehecht
Die Seehechtfilets salzen und pfeffern und in einer beschichteten Pfanne in Olivenöl 3 Minuten von jeder Seite bei mittlerer Hitze braten. Den Fisch anschließend auf einem Blech im ausgestellten, aber noch warmen Ofen ruhen lassen.

Servieren
Die Seehechtfilets auf Tellern anrichten, mit Sauce nappieren, einige Beeren auf dem Fisch garnieren und locker mit den Nudeln umgeben. Mit je einer Kapernblüte dekorieren.

Tipp des Küchenchefs
Die Kapernblüten können auch durch Kapuzinerkresse ersetzt werden.
Der Fisch wird am besten frühzeitig gegart, sodass er etwas ruhen kann und dann wieder aufgewärmt wird. Er ist dadurch insgesamt fester und behält besser die Form.

Fischsuppe
mit bunter Kartoffelkomposition

Zutaten für 4 Personen:

Für die Bouillon:
2 Zwiebeln
1 EL Olivenöl
3 getrocknete Fenchelstängel
Einige Fenchelsamen
4 Knoblauchzehen
1 Bouquet garni (1 Thymianzweig, 1 Lorbeerblatt, einige Petersilienstängel)
1 EL Tomatenmark
1 Tomate
1 kleine Prise Cayennepfeffer
5 schwarze Pfefferkörner
3 g Safranfäden
Fischgräten (nach Wunsch)
Grobes Salz
Salz und Pfeffer

Für das Gemüse:
12 kleine Kartoffeln (Sorte Grenaille)
4 rotviolette Kartoffeln (Sorte Vitelottes)
1 g Safranfäden
200 g rohe Rote Bete
8 kleine weiße Zwiebeln
Salz

Für die Fische:
Etwa 1,4 kg Drachenkopf, Rotbarbe, Goldbrasse, Seeteufel, Petersfisch, Wolfsbarsch (Die Auswahl wird vom Angebot auf dem Markt und der Jahreszeit bestimmt und sollte allgemein mediterranen Charakter haben. Man rechnet etwa 350 g Fisch pro Person.)
Salz und Pfeffer

Zum Servieren:
10 feine Scheiben dünnes Baguette (»Ficelle«)
1 EL Olivenöl
20 g Parmesan

Die Bouillon

Die geschälten und klein gehackten Zwiebeln in Olivenöl anschwitzen. Die getrockneten Fenchelstängel, die Fenchelsamen, die geschälten und klein gehackten Knoblauchzehen, das Bouquet garni, das Tomatenmark, die gewaschene und geviertelte Tomate hinzufügen. Mit 1,5 l Wasser aufgießen und die Safranfäden, die Pfefferkörner, den Cayennepfeffer, und, wenn gewünscht, die Fischgräten hineingeben. Leicht mit grobem Salz abschmecken und 20 Minuten bei geringer Hitze köcheln. Die Bouillon durch ein Sieb abgießen, dabei das Gemüse gut ausdrücken. Die Flüssigkeit in einen Schmortopf gießen. Salzen und pfeffern.

Das Gemüse

Die Grenaille-Kartoffeln in Scheiben schneiden, die Vitelottes-Kartoffeln vierteln. Je nach Dicke der Stücke und der Kartoffelsorte 10–18 Minuten in einem großen Topf mit kochendem Salzwasser (20 g Salz für 1 l Wasser), dem die Safranfäden beigegeben wurden, garen. Die Kartoffeln sollten noch etwas Biss haben. Abgießen.
Die Rote Bete je nach Größe 40–50 Minuten in einem großen Topf mit kochendem Salzwasser (20 g Salz für 1 l Wasser) garen. Abgießen, schälen und in Scheiben schneiden.
Von der fertigen Bouillon etwas in einen Topf umfüllen und darin die geschälten Zwiebeln 8 Minuten garen.

Die Fische

Die Gemüse zur Bouillon geben, darauf die mit Pfeffer und Salz gewürzten Fische legen. Die Fische 5 Minuten bei geringer Hitze pochieren, dabei den Topf von der Herdplatte nehmen, sobald die Bouillon zu kochen beginnt.

Servieren

Die Brotscheiben in einer leicht geölten beschichteten Pfanne rösten.
Die Gemüse, dann den Fisch behutsam in einen tiefen Servierteller füllen.
Die Bouillon angießen und mit Parmesanspänen, die mit dem Sparschäler abgehobelt wurden, bestreuen.

Tipp des Küchenchefs

Zu Fischsuppe wird in Südfrankreich traditionell eine rouille *gereicht, eine Mayonnaise, der eine geschälte und fein zerdrückte Knoblauchzehe sowie eine Prise Safran beigegeben wurde.*
Je nach Größe der Fische werden diese ganz gelassen oder in großen Scheiben gereicht.
Man kann auch den Fischhändler bitten, sie zu filetieren – in diesem Fall lässt man sich die Gräten und Köpfe für die Zubereitung der Suppe mitgeben.

Jacques Chibois empfiehlt

Vom richtigen Garen des Fischs

Beim Garen von Fisch sollte grundsätzlich eine sanfte Methode gewählt werden, denn Fisch ist äußerst empfindlich und reich an Wasser und Albumin. Wird der Fisch zu schnell oder zu heftig gegart, explodieren die Moleküle förmlich, das Wasser tritt aus, und es bleiben nur Fasern übrig. Wird er zu lange gegart, zieht sich das Fleisch zusammen und das Albumin kommt zum Vorschein – übel riechend und milchig. Vorsicht ist auch geboten bei großen Temperaturschwankungen: So sollte zu kalter Fisch niemals in eine zu heiße Pfanne kommen.

Jeder Fisch hat eine eigene Garmethode. Meerbarben werden wie ein Steak in der Pfanne gebraten, insbesondere, wenn sie nicht sonderlich dick sind. Petersfisch und Dorade werden mit Butter oder Öl in eine noch nicht erhitzte Pfanne gegeben, die Temperatur wird allmählich auf kleiner Flamme erhöht und der Fisch zugedeckt und bei gelegentlicher Beobachtung gegart: Auf diese Weise bleibt er mit Sicherheit schön zart. Sollen ein Petersfisch oder eine Dorade im Ganzen gekocht werden, so wird der Fisch auf Fenchel oder einem Kräuterbett in den kalten Ofen geschoben und der Ofen dann allmählich hoch geheizt. Ist der Fisch gar, bekommt er feine Risse, ist an der Gräte rosa und lässt sich leicht ablösen.

Andere Fische, in Scheiben oder Filets, werden auf der Hautseite in einer sehr heißen Pfanne angebraten. Wenn sich eine schöne Kruste gebildet hat, werden sie vom Feuer genommen. Anschließend ruhen sie in Alufolie auf einem Ofenrost. Die Hitze dringt nun bis zur Mitte vor, das Albumin gerinnt, und die Feuchtigkeit bleibt erhalten. So wird der Fisch bei etwa 30 °C warm gehalten. Vor dem Servieren, das bei etwa 70 °C geschehen sollte, wird er kurz auf der anderen Seite erhitzt.

Duftessenzen und Blütenwasser

Oben:
*Die Société Albert Vieille verfügt über ausgedehnte Mimosenhaine (*Acacia dealbata*).*

Jacques Chibois schätzt für seine Küchenkreationen besonders das Rosen- und Orangenblütenwasser, das er von der Société Albert Vieille bezieht. Der Familienbetrieb produziert etwa 600 aromatische Produkte. Die Hauptniederlassung befindet sich in der Gegend von Grasse, es gibt jedoch auch eine Filiale in Spanien, Aromasur, wo Essenzen aus einheimischen Pflanzen, wie Zistrose, Lavendel, Immortelle, Thymian und Oregano, verarbeitet werden. Die Muttergesellschaft importiert aromatische Produkte aus etwa 40 Ländern. Zu ihren Hauptkunden zählen Parfümeure, die Kosmetik- und die Lebensmittelindustrie sowie Spezialisten für Aromatherapie. Das Unternehmen beschäftigt in Frankreich etwa 30 Personen, in Spanien acht. Auf der Website (www.albertvieille.com) findet sich eine Fülle an ausführlich illustrierten, botanischen Informationen.

Das Unternehmen aus Grasse verbindet auf vorbildliche Art und Weise internationale Expansion und regionale Verankerung. Die derzeitige Unternehmensleitung zählt zur dritten Generation der Familie, die 1920 mit der Vermarktung von Schalen von Bitterorangen, den so genannten *coulanes*, das Geschäft begründete. Albert Vieille, der Schwiegersohn des Firmengründers, wurde 1968, zu einer Zeit, als zahlreiche lokale Firmen von multinationalen Firmengruppen aufgekauft wurden, Vorstandsvorsitzender des Unternehmens. Er entwickelte den Import und die örtliche Produktion, die auf der Verarbeitung lokaler Pflanzen und Blüten basierte, wie etwa Rosen, Jasmin, Orangenblüten, Mimosen, Veilchenblätter oder Schwertlilien. Georges Ferrando, der heutige Direktor und Schwiegersohn von Albert Vieille, gründete den spanischen Firmenzweig. Den landwirtschaftlichen Betrieb übernahmen ebenfalls Verwandte, die Familie Mul, während Jean-François Vieille, der Sohn Alberts, sich um die Technik kümmert.

Seine ganz persönliche Alchemie betreibt Jean-François im südlich von Grasse gelegenen Pégomas. Seine Werkstatt, untergebracht in einem der

Oben:
Die Verarbeitung der Blüten und Pflanzen ist bis zum heutigen Tag äußerst zeitintensiv.

Wirtschaftsgebäude des alten Gutes der Familie, erinnert an eine normale kleine Küche. Statt der Kochtöpfe finden sich dort jedoch Destillierapparate aus Glas und Tanks aus Edelstahl. Hier werden die Jasminblüten vom Lösungsmittel getrennt; es ist die letzte Etappe eines Verfahrens, das mit 7.000 Stunden Pflücken (etwa ein Pfund Jasminblüten können pro Stunde gepflückt werden) begonnen hat. In der Scheune, auf der gegenüberliegenden Seite des Hofes, haben vier riesige Geräte bereits etwa 300 Liter Lösungsmittel mit darin eingelegten Blüten auf 30 Liter reduziert. Es ist dieser wertvolle Nektar, den Jean-François dann weiterverarbeitet. In einem dritten Gebäude findet die Destillation der Essenzen und Blütenwasser statt: Die Blüten werden in Körben gesammelt, in denen Wasserdampf zirkuliert, der, nach seiner Kondensation, ätherisches Öl und Blütenwasser liefert. Auf diese Weise werden die hier angebauten Lavendel und Rosen verarbeitet, während der Saison bis zu drei Tonnen täglich. Daneben finden auch Kornblumen aus Bulgarien und Hamamelisblätter aus den USA Verwendung. Georges Ferrando fasst das Grundprinzip des Unternehmens wie folgt zusammen: »Die Destillation zählt zu den natürlichsten Phänomenen überhaupt. Wenn man den Kopf hebt und die

Wolken betrachtet, sieht man die sichtbaren Formen einer Verdampfung. Beim feuchten Morgentau im Gras handelt es sich um das Kondensat der Nacht.« Rings um die landwirtschaftlichen Gebäude erstrecken sich, zwischen modernen Villen, 160 Hektar Anbauflächen mit Rosen und Jasmin. Auf dem gegenüberliegenden Hügel lassen sich, wie diagonale Streifen, der silberne Schimmer des Eukalyptus und, zur entsprechenden Jahreszeit, das Gold der Mimosen ausmachen. Über das Flüsschen Siagne gelangt reines Quellwasser aus den Alpen bis zu diesen Flächen. Das Aussehen der Rosenfelder mag erstaunen, denn die Rosen sind wie provenzalische Rebstöcke beschnitten: kompakte niedrige Pflanzen mit zahlreichen, sehr kurzen Trieben. Die Jasminfelder erinnern dagegen etwas an den Spargelanbau: Die langen Reihen werden im Winter angehäufelt, die Pflanzen nach der Saison direkt über dem Boden abgeschnitten. Denn der Jasmin aus Grasse ist gepfropft: *Jasminum grandiflorum* wächst hier auf einem Stock von *Jasminum officinalis*. Die Jahrestriebe werden zu Beginn des Sommers angebunden und zwischen Juli und November geerntet. Dieses Verfahren verleiht dem *Jasmin de Grasse* (eine anerkannte Appellation) die »konfitürenähnliche Note«, die exotischem Jasmin, etwa aus Ägypten oder Indien, fehlt.

Diese traditionelle Anbauweise wäre fast verschwunden. Dass sie sich nun doch in Grasse gehalten hat, ist der Partnerschaft mit dem Hause Chanel zu verdanken. Chanel ist sogar Miteigentümer des Gutes der Société Albert Vieille in Pégomas. Die Parfümeure bestanden darauf, dass die Produktion in der Nähe der Anbauflächen stattfindet, um jegliche Wartezeit zu vermeiden und somit dem Gären der geernteten Blüten vorzubeugen. Die Ernte des Tages wird daher unmittelbar nach der Anlieferung verarbeitet. Man geht in der Fabrik sogar so weit, die Pflückerinnen auf dem Feld zu bitten, die geschätzte Tagesmenge im Voraus anzugeben, um auf diese Weise die Mengen und die Extraktionszeiten aufeinander abstimmen zu können. Nichts wird dem Zufall überlassen. Chanel ist Abnehmer der gesamten Jasminproduktion und hat ein Vorkaufsrecht auf die Rosen. Alle Produkte, die nicht direkt verkauft werden, vertreibt das Unternehmen Lavoillotte Solubarôme, das nach alten Produktionsverfahren hochwertige Lebensmittelaromastoffe herstellt.

Oben:
Die Société Albert Vieille setzt die handwerklichen Traditionen fort, die der qualitätsbewussten Landwirtschaft entstammen.

Rechts:
Die alten Destillierkolben zählen heute bei der Parfümerie Fragonard zu den Museumsstücken.

EDT
DIZANIE

Kirschkaltschale
mit Sauce von Lindenblüten

Zutaten für 6 Personen:

Für die Kirschkaltschale:
1 kg Kirschen
2 EL Honig (oder 100 g Zucker)
1 Tütchen Vanillezucker
100 ml Maraschino

Für die Lindenblütensauce:
750 ml süßer Weißwein
150 g Zucker
100 g unbehandelte Lindenblätter und -blüten

Zum Servieren:
3 Zweige Koriander oder 5 Stängel Minze

Die Kirschkaltschale
Die Kirschen waschen. In einem großen Topf den Honig (oder den Zucker) und den Vanillezucker in 250 ml Wasser bei niedriger Temperatur auflösen. Den Maraschino und die Kirschen hinzugeben. Zum Kochen bringen und 3 Minuten sieden lassen. Die Kirschsuppe vom Herd nehmen und abkühlen lassen, bevor sie in eine Schale oder Schüssel umgefüllt wird. 12 Stunden im Kühlschrank ruhen lassen. Die Kirschen abtropfen lassen, den Kirschsaft dabei auffangen.

Die Lindenblütensauce
Den Wein mit dem Zucker aufkochen, bis die Mischung leicht sirupartig wird. Die Lindenblätter und den Kirschsaft hinzugeben. Erneut aufkochen, vom Feuer nehmen, die Lindenblüten hinzufügen und ziehen lassen. Während des Abkühlens gelegentlich kosten: die Lindenblüten entfernen, wenn der Sirup hinreichend aromatisch ist. Die abgetropften Kirschen in eine Schüssel geben und mit dem erkalteten Sirup bedecken. Zugedeckt 1–2 Stunden im Kühlschrank ziehen lassen.

Servieren
Die Früchte in einzelne Schälchen verteilen und etwas Lindenblütensauce angießen. Mit fein gehackter Minze oder Koriander garnieren.

Tipp des Küchenchefs
Die Variante aus entsteinten Kirschen lässt sich leichter essen, doch ist der Kirschgeschmack intensiver, wenn die Früchte nicht entsteint wurden. Auch halten sich die Früchte auf diese Weise besser. Je nach Situation kann man sich für eine der beiden Varianten entscheiden. Entsteinte Kirschen sollten allerdings nur kurz aufgekocht werden.

Der Pont du Gard

Zwischen Nîmes und Avignon erhebt sich bis heute in seiner ganzen Pracht der Pont du Gard, jenes Wunderwerk aus der Zeit der Römer, das zum Weltkulturerbe der UNESCO zählt. Neben den beeindruckenden Spuren der Antike finden die Besucher heute ein lebendiges Museum vor: Entlang des Themenweges »Mémoire de garrigue« wird hier die Geschichte dieser Landschaft, die seit der Römerzeit vom Menschen gestaltet wurde, erläutert. Der Ort zählt nach wie vor zu den Hauptausflugszielen, sowohl für die Bewohner der Region wie auch für Besucher aus der ganzen Welt.

Der Name »Pont du Gard« ist etwas irreführend, da jenes majestätische Bauwerk genau genommen keine Brücke ist, sondern als Wasserleitung diente. Es handelt sich um einen kleinen Abschnitt eines früher 50 km langen Aquäduktes, der täglich etwa 20.000 m^3 reines Wasser in die Stadt Nîmes führte. An den Wasserrohren finden sich noch heute Spuren einer Art Isolierfarbe, die auf der Basis von Feigensaft, Schweinefett und Wein hergestellt worden war. Die vor 2000 Jahren errichteten goldenen Bögen der »Brücke« überspannen bis heute das Tal des Gardon. Bis jetzt haben sie der Gewalt des Wassers, selbst zu Hochwasserzeiten wie zuletzt im September 2002, widerstanden. Im Sommer ziehen die friedlichen Ufer Wasserfreunde und Wanderer an: Hier lässt sich herrlich zu Mittag essen, sei es bei einem improvisierten Picknick, sei es in einem gemütlichen Bistro.

Seit der Zeit Rabelais' verführt dieser Ort auch Dichter und Schriftsteller. Stendhal empfand, dass vor dieser Präsenz »die Seele in ein langes und tiefes Staunen fällt«. In der Umgebung bewunderte er »Thymian, wilden Lavendel, Wacholdersträucher, die ihre einzigartigen Düfte unter einem Himmel von strahlender Heiterkeit verbreiten«. Doch wenngleich alle die unzweifelhafte Schönheit des Ortes rühmen, so erwähnen nur wenige deren kulinarische Genüsse – mit den drei folgenden Ausnahmen.

Oben:
Ein Familienpicknick, wie es auch die Familie Pagnol zu schätzen gewusst hätte.

Der englische Schriftsteller Lawrence Durrell beschließt am Ende seiner Romanreihe *The Avignon Quintet* die erfolgreiche Suche nach dem Schatz der Templer mit einem Bankett zwischen den Bögen des Pont du Gard. Eine derartige – gänzlich fiktive – Gelegenheit ist der Mitwirkung »des großen Meisterkochs aus Nîmes Tortoni [würdig], der inmitten einer Vielzahl an Gebäckstücken und Teigwaren – alle auf erlesene Weise zubereitet – einen Sockel für die wichtigste seiner Kreationen errichtet hatte, eine liegende Frau, gänzlich aus Butter, dekoriert mit Kaviar verschiedener Herkunft, Räucherlachsscheiben und einem Archipel aus eiskaltem Kartoffelsalat, der die Opfergabe krönt.«

In der Realität sind die Mahlzeiten am Pont du Gard wesentlich familiärer, schlichter, aber zweifelsohne auch wohlschmeckender. Marcel Pagnol erinnert sich an die Ausflüge mit seinem Großvater, einem Steinmetz: »Sobald er einen freien Tag hatte – also fünf bis sechs Mal im Jahr –, lud er die gesamte Familie zu einem Picknick im Grünen ein, fünfzig Meter vom Pont du Gard entfernt. Während Großmutter das Mahl vorbereitete und die Kinder im Wasser spielten, bestieg er das

Denkmal, nahm Maß, inspizierte die Fugen, überprüfte den behauenen Stein, ließ die Hand über die Mauern gleiten. Nach dem Essen setzte er sich ins Gras vor der im Halbkreis versammelten Familie und betrachtete das tausendjährige Meisterwerk bis zum Abend. Dies ist der Grund, weswegen seine Söhne und Töchter noch dreißig Jahre später bei der einfachen Erwähnung des Namens Pont du Gard den Blick gen Himmel richteten und tiefe Seufzer ausstießen …«

Die ausführlichste kulinarische Schilderung des Pont du Gard stammt von dem Feinschmeckerfürsten Curnonsky. Es handelt sich ebenfalls um eine Kindheitserinnerung: »Zu Beginn der Sommerferien wurde ich von meinen Verwandten aus Uzès zu einem Picknick an den Ufern des Gardon eingeladen. Am späteren Vormittag brachte uns eine einfache gelbe Kutsche zum Pont du Gard. Meine Tante Agnès, ich erinnere mich genau, trug einen gesteppten Rock und einen Blumenhut […], meine beiden Kusinen, Clémence und Éliane, wirbelten in einem fröhlichen Gewirr von Schleifchen und Haarlocken herum, und ich bewunderte meinen Onkel, der mit seinem großen Filzhut und seinem spitzen Kinnbart an Frédéric Mistral erinnerte, dessen hohe Statur er ja auch in etwa hatte. Hinter dem Schloss des Barons Castille standen wir vor dem einsamen Riesen, dessen von Azurblau durchbrochene Bögen die Ufer aus grauem Fels und dunklem Grün des friedlichen Gardon wie ein Bindestrich verbindet … Zwischen den vergilbten Fotografien eines alten Albums habe ich das kalligraphierte Menü des unweit gelegenen Restaurants gefunden, das uns willkommen hieß. Es trägt das Datum ›18. Juli 1911‹, der Preis ist ebenfalls vermerkt: drei Francs fünfzig. Das Menü liest sich wie ein herrliches Impromptu der Küche der Region Gard. Als Vorspeise: *picholines*, Artischockenherzen mit Anchovisbutter, *saucisse sèche* aus Anduze, kleine Teigtaschen mit Trüffelfüllung. Dann frittierte Rotbarben aus dem Grau. Schnecken nach Art des Languedoc. Krickente aus der Camargue mit ›la frisade à l'aïllet é à l'oli d'oulivo‹. *Pélardon* der Cevennen, ein herrlicher Ziegenkäse, in Alkohol gehärtet. Pfirsiche des Gardon und *croquants de Villaret*. Weine aus Costières, Tavel und Clairette de Bellegarde. Wir blieben bis Einbruch der Dunkelheit zu Tisch.«

Rechts: Die wilde Landschaft um den Pont du Gard fasziniert die Besucher seit zweitausend Jahren.

Wenngleich die Preise der Restaurants unwesentlich gestiegen sind, so hält doch die Freude am Speisen mit Blick auf die berühmten Bögen unvermindert an. Talentierte Planer haben es vermocht, die romantische Stimmung zu erhalten und dennoch die stetig wachsende Zahl an Besuchern aufzunehmen. Der Zauber jener von Curnonsky erwähnten Augenblicke ist geblieben.

Flusskrebse
mit Lauchgemüse

Zutaten für 4 Personen:

Für das Gemüse:
2 Lauchstangen
3 Tomaten
1 TL abgeriebene Schale von einer unbehandelten Zitrone
3 EL Olivenöl
250 g Kürbis
1 Prise Zimtpulver
Salz und Pfeffer

Für die Flusskrebse:
4 Dutzend Flusskrebse
50 ml Olivenöl
5 Knoblauchzehen
3 Zwiebeln
1 Lorbeerblatt
1 Thymiansträußchen
1 Selleriestange
50 ml Cognac
50 ml Weißwein
Salz und Pfeffer

Für die Sauce:
1 TL Balsamico-Essig
100 ml Erdnussöl
2 EL Haselnussöl
2 EL Walnussöl
1 TL Tamari-Sauce (japanische Sojasauce)
Salz und Pfeffer

Zum Servieren:
50 g Portulak
Einige Tropfen Olivenöl
Einige Tropfen Balsamico-Essig
1 EL Kleeblüten

Das Gemüse

Beide Enden der Lauchstangen abschneiden, dabei durchaus viel zartes Grün belassen. Die Stangen der Länge nach vierteln, sorgfältig waschen und abtropfen lassen. In 1 cm große Würfel schneiden und 5 Minuten in einem großen Topf mit kochendem Salzwasser garen (20 g Salz für 1 l Wasser), anschließend kurz in kaltes Wasser tauchen und abgießen.
Den Ofen auf 140 °C vorheizen. Die Tomaten 2 Minuten in einen Topf mit kochendem Salzwasser tauchen und abtropfen lassen. Die Tomaten schälen, vierteln und die Kerne entfernen: So erhält man blütenblattähnliche Tomatenstücke. Diese auf ein geöltes Backblech setzen, salzen und pfeffern und 2 Stunden im Ofen trocknen.
Die getrockneten Tomatenstücke würfeln, einige zum Dekorieren beiseite legen und die übrigen mit den Lauchstückchen vermischen. Die geriebene Zitronenschale, 1 Esslöffel Olivenöl, Salz und Pfeffer hinzufügen.
Den Kürbis schälen, in große Scheiben schneiden und diese in 7 cm lange Stäbchen von 5 mm Breite zerkleinern. Die Stäbchen mit 1 Esslöffel Olivenöl, Salz, Pfeffer und Zimt in einer beschichteten Pfanne so garen, dass sie noch etwas Biss haben.

Die Flusskrebse

Die Flusskrebse in einem Schmortopf mit Olivenöl und den in der Haut zerdrückten Knoblauchzehen anbraten. Die geschälten und klein geschnittenen Zwiebeln, das Lorbeerblatt, den Thymian und die gewaschene Selleriestange hinzugeben. Mit Cognac flambieren, dann mit Weißwein ablöschen. 500 ml Wasser angießen, salzen und pfeffern. Zum Kochen bringen und 5 Minuten köcheln lassen. Die Flusskrebse herausnehmen, abtropfen lassen und aus dem Panzer lösen. Bei acht Flusskrebsen den Kopf zu Dekorationszwecken nicht abtrennen. Den Sud durch ein Sieb filtern, in einen Topf gießen, zum Kochen bringen und auf 100 ml reduzieren.
Vor dem Servieren die Flusskrebse, auch die acht zum Dekorieren, mit dem Sud bestreichen.

Die Sauce

In einer kleinen Schüssel den Balsamico-Essig mit einer Prise Salz und Pfeffer vermischen, dann die Tamari-Sauce, das Erdnussöl, das Haselnussöl und das Walnussöl unterschlagen.

Servieren

Die Kürbisstäbchen fächerförmig auf den Tellern anordnen, das Tomaten-Lauchgemüse an den Enden der Stäbchen dekorieren, dann die Flusskrebse daneben setzen. Pro Teller je zwei Flusskrebse mit Kopf dekorativ anordnen. Die Kürbisstäbchen und die Flusskrebse mit der Sauce würzen. Die gewaschenen und trockengetupften Portulakblättchen mit der Spitze zur Mitte des Tellers zeigend anordnen. Je 1 Tropfen Öl und 1 Tropfen Balsamico-Essig auf jedes Blatt geben.
Mit dem restlichen Kochsud der Flusskrebse nappieren, einige getrocknete Tomatenwürfel dekorativ auf die Flusskrebse setzen und mit Kleeblüten garnieren. Gut gekühlt servieren.

Tipp des Küchenchefs

Die Kleeblüten können auch durch sehr fein geschnittene Radicchioblätter ersetzt werden.

Scampi in Safransauce,
Coco-Bohnen mit Tomaten und Chayote

Zutaten für 4 Personen:

Für das Gemüse:
100 g Tomaten
2 junge weiße Zwiebeln
1 EL Olivenöl
1 Bouquet garni (1 Thymianzweig,
1 Lorbeerblatt,
einige Petersilienstängel)
3 Knoblauchzehen
1 kleine Prise gemahlener
Kreuzkümmel
200 g enthülste Coco-Bohnen
(= Breite Bohnen)
1 Chayote
(eine mexikanische Kürbisart)
20 g Butter
5 Basilikumblätter
Salz

Für die Scampi:
12 große Scampi
6 EL Olivenöl
1 g Safranfäden
20 g Butter
Salz und Pfeffer

Das Gemüse

Die Tomaten 2 Minuten in einen Topf mit kochendem Wasser tauchen, abgießen, schälen und vierteln. Die Kerne entfernen und durch ein Sieb passieren, um den Saft zu gewinnen. Das Fruchtfleisch in gleichmäßige Würfel schneiden.
Die geschälten und klein gehackten Zwiebeln in einem Topf mit Olivenöl anschwitzen. Den Tomatensaft angießen. Das Bouquet garni, die geschälten und zerdrückten Knoblauchzehen, den Kreuzkümmel und die Bohnen hinzugeben. Bis auf halbe Höhe Wasser angießen, zum Kochen bringen und 30 Minuten auf kleiner Flamme garen.
Die Chayote mit einem Sparschäler schälen, halbieren, das Kerngehäuse wie bei einer Birne entfernen und die Chayote in gleichmäßige Scheiben von 1 cm Dicke schneiden. In einer beschichteten Pfanne mit einer Prise Salz, 3 Esslöffel Wasser und der Butter anbraten.
Kurz vor dem Servieren die fein geschnittenen Basilikumblätter ergänzen.

Die Scampi

Die Scampi aus dem Panzer lösen und vier Köpfe zum Garnieren beiseite legen.
Die Panzer zerkleinern und in einen Topf mit 3 Esslöffeln Olivenöl und 200 ml Wasser geben. 10 Minuten kochen lassen, dann den Sud durch ein Haarsieb filtern.
Den Sud zusammen mit den gegarten Bohnen in einen Topf geben. Safran, Butter, 2 Esslöffel Olivenöl und die Tomatenwürfel hinzufügen. Salzen, pfeffern und 3 Minuten köcheln lassen.
Die ausgelösten Scampi-Schwänze salzen und pfeffern und in einer beschichteten Pfanne in 1 Esslöffel Olivenöl bei großer Hitze braten.

Servieren

Einen Löffel Coco-Bohnen in jeden Teller geben, drei Scampi darüber verteilen sowie einen Scampi-Kopf. Mit Coco-Bohnen-Sauce nappieren. Die Chayotescheiben werden dekorativ zwischen die Scampi gesteckt.

Tipp des Küchenchefs

Ich empfehle hier qualitativ hochwertige, fleischige und schön reife Tomaten. Sie werden im letzten Augenblick kurz vor dem Aufkochen hinzugefügt: So bleiben sie fest und enthalten noch einen angenehmen Hauch von Säure. Wenn keine Chayoten zur Hand sind, können auch Möhrenscheiben verwendet werden.

Anhang

Rezeptregister

Fisch und Meeresfrüchte

Geflügel und Fleisch

Gemüse

Desserts

Zutatenregister

S

T

V

W

Z

Adressen

Jacques Chibois empfängt Sie in
La Bastide Saint-Antoine
48, avenue Henri-Dunant
06130 Grasse
Telefon: 0033 4 93 70 94 94
Telefax: 0033 4 93 70 94 95
E-Mail: info@jacques-chibois.com
www.jacques-chibois.com

Das provenzalische Haus

Was ist eine Bastide?

Agence Émile Garcin
8, boulevard Mirabeau
13210 Saint-Rémy-de-Provence
Telefon: 0033 4 90 92 01 58
Telefax: 0033 4 90 92 39 57
E-Mail: provence@emilegarcin.fr
www.emilegarcin.fr

Bruno et Alexandre Lafourcade
Restaurations et créations (Restaurator und Bauunternehmer)
10, boulevard Victor-Hugo
13210 Saint-Rémy-de-Provence
Telefon: 0033 4 90 92 10 14
Telefax: 0033 4 90 92 49 72

Pavillon de Galon
84160 Cucuron
Telefon: 0033 4 90 77 24 15
Telefax: 0033 4 90 77 12 55
E-Mail: contact@pavillondegalon.com
www.pavillondegalon.com

Villa Saint-Louis
35, rue Henri-de-Savournin
84160 Lourmarin
Telefon: 0033 4 90 68 39 18
Telefax: 0033 4 90 68 10 07
E-Mail: villasaintlouis@wanadoo.fr
Beide Adressen bieten stilvolle Gästezimmer.

Auf den Spuren des Nostradamus

Office de tourisme
Place Jean-Jaurès
13210 Saint-Rémy-de-Provence
Telefon: 0033 4 90 92 05 22
Telefax: 0033 4 90 92 38 52
E-Mail: tourisme.st.remy@wanadoo.fr
www.saintremy-de-provence.com

Office de tourisme
56, cours Gimon
13300 Salon-de-Provence
Telefon: 0033 4 90 56 27 60
Telefax: 0033 4 90 56 77 09
E-Mail: ot.salon@visitprovence.com

Les jardins de l'Alchimiste
Mas de la Brune
13810 Eygalières
Telefon: 0033 4 90 90 67 77
Telefax: 0033 4 90 95 99 21
E-Mail: contact@jardin-alchimiste.com
www.jardin-alchimiste.com

Tisch- und Bettwäsche der Provence

Édith Mézard
Atelier de broderie (Stickerei)
Château de l'Ange
Lumières: 84220 Goult
Telefon: 0033 4 90 72 36 41
Telefax: 0033 4 90 72 36 69

Michel Biehn
Magicien de maisons (Experte für Kleidung und Stoffe)
7, avenue des Quatre-Otages
84800 L'Isle-sur-la-Sorgue
Telefon: 0033 4 90 20 89 04
Telefax: 0033 4 90 38 45 09

Musée provençal du costume et du bijou
(Trachten- und Schmuckmuseum)
2, rue Jean-Ossola
06130 Grasse
Telefon: 0033 4 93 36 44 65
Telefax: 0033 4 93 36 57 32
E-Mail: fragonard@fragonard.com
www.fragonard.com

Heiraten in der Provence

Bruno Gedda
Styliste musical DJ Carita (musikalischer Unterhalter)
13520 Les Baux-de-Provence
Telefon: 0033 4 90 54 40 26
Telefax: 0033 4 90 92 63 04
E-Mail: brunogeddadj@aol.com

Der provenzalische Garten

Die Rosen aus Grasse

Musée international de la Parfumerie
8, place du Cours
06130 Grasse
Telefon: 0033 4 93 36 80 20
Telefax: 0033 4 93 36 44 73
E-Mail: info@museesdegrasse.com
www.museesdegrasse.com

Prieuré de Salagon
Musée-Conservatoire ethnologique de Haute-Provence
04300 Mane
Telefon: 0033 4 92 75 70 50
Telefax: 0033 4 92 75 70 58
E-Mail: info@musee-de-salagon.com
www.musee-de-salagon.com

Château Val Joanis
84120 Pertuis
Telefon: 0033 4 90 79 20 77
Telefax: 0033 4 90 09 69 52
E-Mail: info.visites@val-joanis.com
www.val-joanis.com

Verrückt nach Feigen

Pierre Baud
Pépinières Baud
Le Palis
84110 Vaison-la-Romaine
Telefon: 0033 4 90 36 08 46
Telefax: 0033 4 90 28 71 25
E-Mail: pepinieres@fig-baud.com

Francis et Jacqueline Honoré
Les Figuières
Mas de Luquet
13690 Graveson
Telefon: 0033 4 90 95 72 03
Telefax: 0033 4 90 95 76 23
E-Mail: infos@lesfiguieres.com
www.lesfiguieres.com

Genuss und Wohlbefinden

Menton und seine Zitronen

Office de tourisme
Palais de l'Europe
8, avenue Boyer
06500 Menton
Telefon: 0033 4 92 41 76 76
Telefax: 0033 4 92 41 76 78
E-Mail: tourisme@menton.fr
www.ville-menton.fr

Philippe Rigollot
Service des jardins (Gartengestaltung)
Mairie de Menton
17, rue de la République
06500 Menton
Telefon: 0033 4 93 35 32 18
Telefax: 0033 4 93 41 49 43
E-Mail: mairie@ville-menton.fr

Fondation Escoffier
3, rue Auguste-Escoffier
06270 Villeneuve-Loubet
Telefon: 0033 4 93 20 80 51
Telefax: 0033 4 93 73 93 79
E-Mail: contact@fondation-escoffier.org
www.fondation-escoffier.org

Schmackhaftes Gemüse aus dem Var

Daniel et Denise Vuillon
Le jardin des Olivades
257, chemin de la Petite-Garenne
83190 Ollioules
Telefon/Telefax: 0033 4 94 30 03 13
E-Mail: vuillon@olivades.com
www.olivades.com

Moulin à huile Baussy
Gérard Baussy et fils
Rue Bourboutel
06530 Spéracèdes
Telefon: 0033 4 93 60 58 59
Telefax: 0033 4 93 60 62 58
www.moulinbaussy.com

Französische Familienküche

Monique Caulet
Les Amis de la cuisine provençale
Espace Jean-Baptiste Reboul
Chemin des Aires
83136 La Roquebrussane
Telefon: 0033 4 94 86 93 36
Telefax: 0033 4 94 86 80 29

Myriam Desestries (Fachfrau für Heilkräuter)
38, traverse Parangon
13008 Marseille
Telefon: 0033 4 91 25 08 48

Guy et Paula Chauvin
Association Accueil en Provence
La Campagne Gerbaud, 84160 Lourmarin
Telefon: 0033 4 90 68 11 83. Telefax: 0033 4 90 68 37 12
E-Mail: cgerbaud@aol.com
www.lourmarin.com/gerbaud

Jean-Marc Biojoux
Directeur développement tourisme et commerce
Chambre de commerce et d'industrie du pays d'Arles
Avenue Division France Libre
13200 Arles
Telefon: 0033 4 90 99 08 08
Telefax: 0033 4 90 99 08 00
E-Mail: jmbiojoux@arles.cci.fr
www.arles.cci.fr

Jeanne Dulac
École du goût et de l'olivier
Domaine de Rousty
13103 Mas-Blanc-des-Alpilles
Telefon/Telefax: 0033 4 90 49 10 68

Soraya et Patrick Lagarrigue
La Route des épices
32, rue de la Calèche
34170 Castelnau-le-Lez
Telefon/Telefax: 0033 4 67 02 26 12
E-Mail: lagarrigue.patrick@free.fr
www.route-epices.com

Reisen und Entdeckungen

Les jardins de l'Alchimiste
Mas de la Brune
13810 Eygalières
Telefon: 0033 4 90 90 67 77
Telefax: 0033 4 90 95 99 21
E-Mail: contact@jardin-alchimiste.com
www.jardin-alchimiste.com

Michel Santinelli
Syndicat des producteurs de truffes noires des Alpes-Maritimes
58 MIN Fleurs 6
06296 Nice Cedex 3
Telefon: 0033 04 97 35 76 40
Telefax: 0033 4 97 25 76 59
E-Mail: fdgeda@atsat.com

Die Gärten der Maler

Office de tourisme
Boulevard des Lices
13200 Arles
Telefon: 0033 4 90 18 41 20
Telefax: 0033 4 90 18 41 29
Rundgang „Sur les pas de Vincent Van Gogh“ (Auf den Spuren Van Goghs), samstags 14.30 Uhr (französische und englische Führung)
E-Mail: ot-arles@visitprovence.com
www.tourisme.ville-arles.fr

Office de tourisme
Place Jean-Jaurès, 13210 Saint-Rémy-de-Provence
Telefon: 0033 4 90 92 05 22
Telefax: 0033 4 90 92 38 52
E-Mail: tourisme.st.remy@wanadoo.fr
www.saintremy-de-provence.com

Atelier Paul Cézanne
9, avenue Paul-Cézanne
13090 Aix-en-Provence
Telefon: 0033 4 42 21 06 53
Telefax: 0033 4 42 21 90 34
E-Mail: infos@atelier-cezanne.com
www.atelier-cezanne.com

Musée Renoir
Chemin des Collettes
06800 Cagnes-sur-Mer
Telefon: 0033 4 93 20 61 07
Telefax: 0033 4 93 73 09 20
Konservator: Frédérique Verlinden
www.cagnes-tourisme.com/renoir

Essenzen und Blütenwasser

Albert Vieille SA Matières Premières Aromatiques
629, route de Grasse
06220 Vallauris
Telefon: 0033 4 93 64 16 72
Telefax: 0033 4 93 64 80 07
E-Mail: info@albertvieille.com
www.albertvieille.com
(Großvertrieb)

Éts Lavoillotte Solubarôme
1486, chemin de la Plaine
06250 Mougins
Telefon/Telefax: 0033 4 93 75 03 68
E-Mail: solubarôme@hotmail.com
solubarome.free.fr
(Einzelverkauf)

Pont du Gard

Mémoire de garrigue
BP7 30210 Vers-Pont-du-Gard
Route du Pont-du-Gard
30210 Vers-Pont-du-Gard
Telefon: 0033 820 903 330
Telefax: 0033 4 66 37 51 50
E-Mail: contact@pontdugard.fr
www.pontdugard.fr

Kleine provenzalische Warenkunde

Bouquet garni
Ein Sträußchen von einem Lorbeerblatt, zwei Thymianzweigen und drei Petersilienstängel. Manchmal werden auch andere Kräuter (Estragon, Bohnenkraut, Rosmarin oder auch etwas Fenchelgrün) dazu gegeben. Die Kräuter sollten frisch und nicht getrocknet sein, um den authentischen Geschmack zu erzielen. Das Bouquet garni dient dem Würzen von Suppen und Saucen, wird mitgekocht und vor dem Servieren wieder entfernt. Erfunden wurde es vor über 300 Jahren vom südfranzösischen Koch Pierre de Lune.

Coulis
Passiertes, feinflüssiges Püree aus Obst oder Gemüse (von französisch: *couler* = »fließen«). Je nach Konsistenz werden die Obst- oder Gemüsesorten dafür roh oder gekocht im Mixer püriert und durch ein Sieb passiert. Meist wird der Coulis kalt verwendet, in kleinen Mengen, als Sauce zu Fleisch- oder Fischgerichten, und nicht zuletzt um dem Arrangement auf dem Teller einen optischen Farbtupfer zu geben.

Fenchel
Gemüsefenchel ist auch bei uns bekannt und beliebt. In Italien und Südfrankreich kocht man aber auch sehr gerne mit Fenchelsamen und getrocknetem Fenchelgrün als Würze. Damit bekommen Fleisch- oder Fischgerichte ein leichtes Aroma von Anis, das notfalls auch als Ersatz verwendet werden kann.

Fleur du Sel
Das Feinste (wörtlich: »die Blüte«) des Salzes. Normales Meersalz wird durch die kontrollierte Verdunstung von Meerwasser gewonnen, das *fleur du sel* dagegen wird direkt von der Oberfläche des verdunstenden Meerwassers abgeschöpft. Es verströmt einen leichten Duft nach Veilchen.

Jus
Reiner »Saft« von gekochten Fleisch- oder Gemüsegerichten. Als Würzmittel ist Jus beliebt, da sie in konzentrierter Form den Geschmack des jeweiligen Produktes beinhaltet. So konserviert zum Beispiel die Einlegeflüssigkeit von Trüffeln, die Trüffel-Jus, bereits den intensiven Trüffel-Geschmack und sollte nicht einfach weggeschüttet werden.

Marc de Provence
Südfranzösischer Tresterschnaps. Wie sein italienisches Pendant, die Grappa, wird Marc de Provence aus dem Trester (den gekelterten Trauben) destilliert, ist also ein »Abfall«-Produkt der Weinproduktion.

Noilly Prat
Französischer Weißweinwermut. Joseph Noilly produzierte den ersten Noilly Prat im Languedoc bereits im Jahre 1800. Als Aperitif ist der feinherbe Wermut seit dem 19. Jahrhundert beliebt, aber auch zum Aromatisieren von Speisen wird er gern verwendet. Noilly Prat lagert – einmalig in der Weinproduktion! – zwölf Monate in Eichenfässern unter freiem Himmel.

Pastis
Dieser typisch südfranzösische Aperitif wird aus Anis und vielen anderen, teils geheim gehaltenen Zutaten angesetzt. Getrunken wird Pastis meist mit Wasser verdünnt, was die an sich klare Flüssigkeit gelblich-milchig trübt.

Portulak
Gerade wieder entdeckte, von Jacques Chibois gerne verwendete Pflanze, die als Salat, Gewürz oder Gemüse Einsatz findet. Im 19. Jahrhundert wuchs er noch in vielen provenzalischen Gemüsegärten, bevor er in Vergessenheit geriet. Reich an Vitamin C ist der knackige Portulak ein sehr gesundes Lebensmittel. Als Ersatz eignet sich Feldsalat.

Rouille
Mayonnaise, mit Knoblauch, Safran und manchmal Chili gewürzt. In Südfrankreich, zusammen mit geröstetem Weißbrot, unverzichtbarer Begleiter der Bouillabaisse.

Tapenade
Püree aus schwarzen Oliven, gewürzt mit Sardellen, Kapern und Knoblauch. In der Provence wird Tapenade als Würzmittel, als Brotaufstrich oder auch als Pasta-Sauce oder als Dip zu rohem Gemüse verwendet.

Wermut
Das aromatische Kampferkraut würzt vor allem Alkoholika, etwa Vermouth, Gin oder neuerdings wieder Absinth. Früher wurde das Heilmittel gegen Wurmerkrankungen auch als Gewürz in Fleischgerichten verwendet, und als solches wird es heute von Küchenchefs wieder entdeckt.

Zitronengras
Ein Würzgras, das insbesondere in der südostasiatischen Küche beliebt ist. In Frankreich wird es *citronelle* genannt. Man verwendet nur die oberen, wirklich grasähnlichen Halme des Zitronengrases; die knollige Wurzel ergibt zwar ebenfalls das feine Zitronenaroma, kann aber nur mitgekocht und nicht mitgegessen werden.

Literaturhinweise

Aron, Jean-Paul: Le Mangeur du XIXième siècle, Payot 1989
Biehn, Michael: Couleurs de Provence, Flammarion 2000
Chanot-Bullier, C.: Vieii Receto de Cousino Prouvençalo / Vielles Recettes de cuisine provençale, Tacussel 1976
Holuigue, Diane: Genießer unterwegs Provence, Christian Verlag 2003
Jouveau, René: La Cuisine provençale de tradition populaire, Imprimerie Bene, 1976
Martin-Villevielle, Simone: Histoire des recettes de Provence, Jeanne Laffite 2000
Maurières, Arnaud / Ossart, Éric: Der mittelalterliche Garten, Christian Verlag 2003

Danksagung

An erster Stelle möchte ich Jacques Chibois herzlich für sein großes Talent und seine enorme Großzügigkeit danken. Ich schätze seinen Humor, seine Liebenswürdigkeit, seine Intuition, seine Liebe zu dem, was er macht, und auch seine Geheimnisse.
Mein Dank gilt außerdem all jenen, die mich mit großer Warmherzigkeit empfangen und viel Geduld mit mir bewiesen haben.
Schließlich möchte ich dem gesamten Team der Éditions Aubanel für ihre Weisheit in manch einer schwierigen Situation danken, und meinem Ehemann, der, wie immer, vieles geteilt hat, in guten und in schlechten Tagen.

Louisa Jones

Guy Hervais dankt folgenden Personen für ihren guten Geschmack und ihre Hilfe:
Bernadette Lassalette, *Villa Saint-Louis,* Gästehaus, Lourmarin
Telefon: 0033 4 90 68 39 18
Artichaut, Tischwäsche und Einrichtungsgegenstände, Lourmarin
Telefon: 0033 4 90 68 03 08
Le thé dans l'encrier, Teestube und Bibliothek, Lourmarin
Telefon: 0033 4 90 68 88 41
Françoise Fabre, *Fragonard,* Grasse
Florence Geslin, *S. A. Albert Vieille*, Vallauris
Philippe Rigollot, Menton
Frédéric Ratto, *Moulin à l'huile La Bastide de Galon*, Cucuron
Telefon: 0033 4 90 08 90 01
Mme und M. Honoré, Graveson
Mme und M. Vuillon, Olioules
Éditz Mézard, *Château de l'Ange*, Lumières
Michel Biehn für seine provenzalischen Stoffe, L'Isle-sur-la-Sorgue
Musée Marc Deydier, Cucuron
Telefon: 0033 4 90 77 28 37
La Cuisine à Simone, Küchenutensilien, Lourmarin
Telefon: 0033 4 90 68 39 10
Michel Canavese, Fischhändler mit hervorragendem Sortiment

Und Bibi, für ihre glücklichen Augenblicke

Aus dem Französischen übersetzt von Dr. Angela Kuhk unter Mitarbeit von Ulla Pip
Redaktion: Margit Bogner, München
Korrektur: Petra Tröger
Umschlaggestaltung: Caroline Daphne Georgiadis, Daphne Design
Satz: SatzDesign Yvonne Heizinger, München

Die Originalausgabe mit dem Titel *La Provence comme on l'aime* wurde erstmals 2004 im Verlag Aubanel, Éditions de la Martinière, Paris,veröffentlicht.

Die Rezepte wurden geprüft von Éric Trochon.
Layout und Design: Séverine Morizet

Die Deutsche Nationalbibliothek verzeichnet diese Publikation in der Deutschen Nationalbibliografie; detaillierte bibliografische Daten sind im Internet über http://dnb.d-nb.de abrufbar.

Gesamtherstellung Verlagshaus GeraNova Bruckmann GmbH

1. Auflage 2012
ISBN 978-3-86244-176-1

Christian Verlag
Postfach 400209
80702 München
E-Mail: lektorat@verlagshaus.de